GAROTO ENCONTRA GAROTA

GAROTO ENCONTRA GAROTA

Para minha esposa, Shannon.
Este livro é o fruto de seu encorajamento,
humildade e sacrifício.

Eu te amo.

Harris, Joshua
   Garoto encontra garota / Joshua Harris; tradução de Thiago Ferreira Couto de Freitas e Lucas Ferreira Couto de Freitas.
   – Belo Horizonte: Editora Atos, 2007. 248 p.

   Título original: Boy Meets Girl
   ISBN 978-85-7607-085-6

   1. Relacionamento 2. Corte 3. Direção de Deus I. Título.

CDU: 231.11   CDD: 231.042

Índices para catálogo sistemático:
1. Relacinamento: direção de Deus 231

Publicado originalmente em inglês com o título
Boy Meets Girl por Joshua Harris
Copyright © 2000, 2005
Publicado por Multnomah Publishers, Inc.
601 North Larch Street - Sisters, Oregon 97759 USA
Todos os direitos em outras línguas por
Gospel Literature International, PO Box 4060
Ontario, CA 91761-1003, USA

Tradução
Thiago Ferreira Couto de Freitas
Lucas Ferreira Couto de Freitas

Capa
Julio Carvalho

Primeira edição em português – Junho de 2007

Nenhuma parte deste livro pode ser reproduzida, arquivada ou transmitida por qualquer meio – eletrônico, mecânico, fotocópias, etc. – sem a devida permissão dos editores, podendo ser usada apenas para citações breves.

Publicado com a devida autorização e com todos os direitos reservados pela EDITORA ATOS LTDA.

Caixa Postal 402
30161-970 Belo Horizonte MG
Telefone: (11) 4082-8585
www.editoraatos.com.br

Sumário

Para o garoto e a garota... uma introdução 9

1. O que aprendi desde que disse adeus ao namoro . 15
2. Redescobrindo a corte 27
3. Romance e sabedoria: uma união feita no céu ... 37
4. Diga-me como, diga-me quem, diga-me quando! . 57
5. Mais do que amigos, menos que apaixonados ... 75
6. O que fazer com seus lábios 89
7. Se os garotos forem homens, as garotas serão mulheres? 105
8. A corte é um projeto da comunidade 123
9. O verdadeiro amor não *apenas* espera 141
10. Quando seu passado bate à porta 171
11. Você está pronto para o "para sempre"? 195
12. Aquele dia especial 209

Conversas da corte: oito grandes encontros 221

1. A minha história 223
2. Quem vai cozinhar hoje? 225
3. Você joga? 227
4. Surpresa na manhã de domingo 231
5. É preciso dois 235
6. Crianças à solta 237
7. Mostre-me o dinheiro 239
8. Ainda forte 243

Notas 245

PARA O GAROTO E A GAROTA... UMA INTRODUÇÃO

Quando eu era solteiro e tinha vinte e um anos, escrevi um livro chamado *Eu disse adeus ao namoro*. Não era um livro comum sobre relacionamentos. Ele encorajava os solteiros a serem radicalmente comprometidos a honrar a Deus em seus relacionamentos – mesmo que isso significasse "abandonar o jogo" do namoro. Ele expunha minha própria história de aprendizado em confiar em Deus e esperar pelo romance até que eu estivesse pronto para me comprometer e casar.

Para meu total espanto, Deus proveu uma editora disposta a publicar esse meu livro de título estranho. Para o espanto de todos, o livro realmente vendeu. A verdade é que havia muitas pessoas, além de mim, que estavam repensando o namoro. Eu recebi milhares de e-mails, cartões e cartas de solteiros de todas as idades, de todo o mundo, que queriam compartilhar suas histórias, fazer perguntas e pedir conselhos.

À medida que as cartas chegavam, percebi que, apesar de Deus ter usado meu livro para ajudar várias pessoas, ele também levantou uma série de questões. Por exemplo, se você não namora, como vai se casar? Uma garota escreveu: "Eu quero evitar os perigos da nossa abordagem cultural do romance, mas como posso me aproximar o suficiente de um garoto para decidir se quero me casar com ele? O que existe entre a amizade e o casamento?".

Garoto encontra garota é a resposta à essas perguntas – algumas das quais eu mesmo tive que enfrentar quando me senti pronto para buscar uma garota visando o casamento. É um livro sobre corte, ou como eu prefiro, romance com propósitos. Ele está repleto de histórias de pessoas comuns que decidiram viver honrando a Deus nos detalhes de sua vida amorosa – desde as terríveis dúvidas sobre o avanço correto de um relacionamento, até desafios como uma boa comunicação e pureza sexual quando se está amando profundamente.

A seguir, está o que você vai encontrar nas três seções do livro.

A *Parte Um* define os princípios básicos da corte. Nós vamos ver que, quando permitimos que a sabedoria guie nossos intensos sentimentos românticos, nossos relacionamentos são abençoados com a paciência, propósito e um claro senso de realidade. A história de um casal vai nos ajudar a perceber quando estamos prontos para começar um relacionamento, e qual a pessoa certa para isso. Veremos como Deus deseja usar este processo para nos tornar mais parecidos com Ele.

A *Parte Dois* passa para os aspectos práticos do que fazer quando a corte começa. Vamos aprender a nos aproximar, resguardando nossos corações em áreas importantes como amizade, comunicação, companheirismo e romance. Vamos ser específicos sobre nossos papéis como homens e mulheres. Então, falaremos honestamente sobre a pureza sexual e como podemos nos preparar para uma excelente vida sexual no casamento.

PARA O GAROTO E A GAROTA... UMA INTRODUÇÃO

A *Parte Três* ajuda casais que buscam seriamente o casamento de uma forma que honre a Deus. Nós veremos como a graça de Deus nos ajuda a enfrentar os pecados de nosso passado. Vamos fazer algumas perguntas antes desse compromisso, incluindo a mais importante de todas: "Devemos avançar juntos rumo ao casamento ou devemos terminar esta corte?". Finalmente, vamos nos lembrar que a graça de Deus é a nossa fonte de confiança para unirmos nossos corações e vidas nos votos do casamento.

Como uma seção extra, você encontrará no fim do livro uma parte chamada "Conversas da corte: oito grandes encontros", desenvolvida com a ajuda de meus editores e amigos, David e Heather Kopp. Nosso propósito foi sugerir atividades e conversas que ajudassem você a conhecer o outro melhor, considerar um possível futuro juntos, honrar a Deus em seu relacionamento e se divertir bastante.

Quer você esteja sozinho, se encontrando casualmente com alguém ou num relacionamento sério, espero que separe um tempo para ler e refletir sobre as idéias deste livro. Existe uma boa chance de elas expandirem seus horizontes e desafiar suas crenças de uma maneira saudável.

Se estiver relacionando-se com alguém, eu o encorajo a separarem um tempo para lerem esse livro juntos. Muitos têm usado esse conteúdo para crescer no relacionamento e traçar um caminho concreto para um compromisso mais sério.

Escrevi *Eu disse adeus ao namoro* para desafiar a abordagem do mundo quanto ao namoro. Hoje, como homem casado, escrevo *Garoto encontra Garota* para celebrar o caminho de Deus para o romance. Eu tenho vivenciado como Ele é bom. E quero que você também saiba: se confiar seus sonhos de encontrar seu verdadeiro amor a Ele, também experimentará isso.

Parte 1

Repensando o romance

Capítulo Um

O QUE APRENDI DESDE QUE DISSE ADEUS AO NAMORO

Do esperar ao conhecer – Uma história pessoal

O relógio mostrava 17h. O dia de trabalho de Shannon acabara. Ele gostava de seu trabalho na igreja, mas estava pronta para ir para casa e descansar.

Ela começou sua rotina diária de fim do dia: arrumou sua mesa, desligou o computador, ajeitou uma foto em sua prateleira, pegou seu casaco no armário e foi se despedir. "Tchau, Nicole", disse à garota no escritório que ficava ao lado do seu. "Até amanhã, Helen", disse à recepcionista.

Ela atravessou a entrada silenciosa e empurrou uma das pesadas portas de vidro. O vento frio do inverno veio de encontro a ela enquanto atravessava o estacionamento quase vazio. Entrou em seu velho Honda Accord azul marinho e fechou a porta.

Shannon estava colocando as chaves na ignição, e então parou. Ali, sozinha no silêncio, as emoções que tinha aprisionado durante o dia se libertaram violentamente. Lágrimas brotavam de seus olhos. Ela se inclinou a apoiou a cabeça no volante e começou a chorar.

"Por que, Senhor?", ela sussurrou. "Por que é tão difícil? O que devo fazer com estes sentimentos? Leve-os embora se não vieram de ti."

Eu costumava olhar, da minha janela, Shannon caminhando para o seu carro no fim do dia. Minha sala tinha vista para o estacionamento. *O que será que ela está pensando?*, eu tentava imaginar. Queria saber mais sobre ela – ir além de nossas conversas superficiais como colegas de trabalho e realmente conhecê-la.

Mas esta era a hora correta? Meu coração havia se enganado muitas vezes antes. Poderia confiar em meus sentimentos? Ela retornaria meu interesse?

Do meu ponto de observação, Shannon Hendrickson parecia feliz, confiante, e nem sabia que eu existia. Tinha certeza que ela gostava de outro. Quando a vi indo embora, eu sussurrei minha própria oração. *Qual é a **tua** vontade, Deus? Ela é a pessoa certa? Ajude-me a ser paciente. Mostre-me quando agir. Ajude-me a confiar em ti.*

Como eu poderia saber que a garota naquele Honda azul marinho estava chorando, ou que eu era a o motivo daquelas lágrimas?

Três meses depois. Ali estava eu, com vinte e três anos, mas minhas mãos agindo como se nunca tivessem discado um número de telefone na vida. Peguei meu telefone sem fio como se ele fosse um animal selvagem tentando escapar e tentei novamente.

Você consegue, sussurrei para mim mesmo.

O telefone tocou três vezes antes de cair na secretária eletrônica. Ela não estava em casa. Eu rangi os dentes. Será que deixo uma mensagem? A máquina deu o sinal, e eu arrisquei.

"Oi, Shannon, aqui é o Josh... uh, Harris."

Tinha certeza que minha voz tornava óbvio o quão nervoso eu estava. Eu nunca tinha ligado para a casa dela, e não tinha nenhuma desculpa relacionada com o trabalho ou igreja para estar ligando. "É... você pode ligar para mim quando tiver uma chance? Obrigado." Eu desliguei, sentindo-me um completo idiota.

Por sessenta e quatro agonizantes minutos analisei se a mensagem que tinha deixado havia causado uma boa impressão ou não. Então, o telefone tocou. Eu respirei fundo e atendi.

Era Shannon.

"Oi, obrigado por me ligar de volta. Como estão as coisas?"

Nós conversamos por alguns minutos sobre o dia dela e tentamos ao máximo ter uma conversa natural, mesmo ambos sabendo que minha ligação para ela era a coisa mais artificial do mundo. Eu finalmente cheguei ao ponto: perguntei se ela poderia se encontrar comigo no Einstein's, um café que ficava perto do nosso emprego. Ela disse que sim.

Antes de desligarmos, ofereci uma explicação ambígua para esta investida. "Eu preciso conversar... sobre um cara que eu conheço que está interessado em você."

Uma mudança de perspectiva

Minha ligação para Shannon pode não parecer muita coisa para algumas pessoas, mas para mim foi monumental.

Por quê? Porque eu tinha desistido de namorar. Eu sei que isso parece estranho, então me deixe explicar. Eu cria que um namoro sem maiores pretensões, "recreativo", era, na verdade, estar desviado do meu propósito de servir a Deus como solteiro. Então, apesar de manter minha vida social, minhas amigas e meu desejo de me casar algum dia, eu parei de namorar.

Esta nova perspectiva era tudo, menos uma característica minha.

Antes, eu "flertava" muito, sempre em busca das emoções de um romance. Para mim, rejeitar o namoro era uma mudança radical.

Minha guinada de perspectiva começou depois de eu ter terminado um namoro de dois anos. Nosso relacionamento foi uma área de minha vida que eu recusei submeter a Deus. Quando ele terminou, Deus começou a me mostrar o quão egoísta fui. Eu a usei para satisfazer meus desejos pecaminosos. Apesar de nós nunca termos ido até o fim, eu a conduzi num relacionamento físico pecaminoso. E a machuquei. Quebrei várias promessas.

Pela primeira vez, realmente comecei a questionar como a minha fé, como cristão, afetava a minha vida amorosa. Devia haver algo além de "não faça sexo" e "somente namore crentes". O que significa realmente amar uma garota? Como seria realmente ser puro – em meu corpo *e* em meu coração? Como Deus queria que eu vivesse meus anos de solteiro? Eles eram somente um período para experimentar romanticamente diferentes tipos de garotas?

Lentamente e, apesar de toda a minha resistência, Deus retirou camada após camada de pensamentos errados, valores incorretos e desejos impuros. Ele mudou meu coração. E, com meu coração transformado, vi que meu estilo de vida também tinha que mudar.

Escrevi sobre essa experiência em meu primeiro livro, *Eu disse adeus ao namoro*. Eu queria desafiar outros solteiros a reconsiderar a forma como buscavam um relacionamento, examinando-o sob a luz da Palavra de Deus. "Se nós não estamos realmente prontos para um compromisso sério, qual é o objetivo de adentramos num relacionamento íntimo e romântico?", eu questionei. "Por que não desfrutar da amizade com o sexo oposto, mas usar nossas energias como solteiros para servir a Deus?"

O QUE APRENDI DESDE QUE DISSE ADEUS AO NAMORO

O ponto principal de *Eu disse adeus ao namoro* é: "Se você não está pronto para se casar, *espere* para entrar num relacionamento".

Mas agora, cinco anos depois, estava fazendo a seguinte pergunta: "Como você pode saber que está pronto para o casamento? E, quando estiver pronto, o que deve fazer?".

É por isso que meu terceiro telefonema para Shannon era algo muito importante. Eu tinha chegado ao ponto em que sentia que *estava* pronto para buscar o casamento, e estava profundamente atraído por ela. E agora? Tinha experimentado a fidelidade de Deus enquanto *esperava* pelo romance; agora eu estava dando um passo rumo ao desconhecido, crendo que Ele continuaria fiel agora que eu *buscava* o romance.

O garoto que tinha "dado adeus ao namoro" estava pronto para dizer "olá à corte".

Na noite seguinte eu cheguei cedo para meu encontro com Shannon. Einstein's Bagels é a melhor lanchonete de Gaithersburg, e sempre ficava cheia à noite. Escolhi uma mesa mais afastada, no fim do restaurante. Ela estava um pouco suja, e pedi para o garçom limpá-la. Tudo precisava estar perfeito. Fui ao banheiro para conferir como estava meu cabelo. "Bom, tanto faz", finalmente disse ao espelho.

Voltei para a mesa e fiquei esperando, remexendo-me em minha cadeira. Eu fiquei pensando se devia apoiar os pés em cima de uma cadeira. Isto me faria parecer mais relaxado? Não, acho que relaxado demais. E se colocasse somente um pé? Não, ia parecer que eu estava machucado. Finalmente decidi manter meus dois pés no chão.

Eu ficava extremamente nervoso toda vez que pensava sobre a conversa que iríamos ter. Não conseguia acreditar que estava fazendo isso – que somente em alguns minutos ela estaria sentada ali na minha frente.

O despertar de Shannon

Shannon Hendrickson e eu éramos amigos há cerca de um ano. Trabalhávamos no mesmo escritório. Ela era uma secretária e eu era um interno. A primeira coisa que me chamou a atenção em Shannon foi seus olhos – eles eram uma mistura de verde, azul e cinza, e sempre brilhavam quando sorria. A segunda, era como era baixinha. Ela tem 1,52m. Shannon define a palavra *petite* (de petit, pequeno em francês). Eu gosto disso, já que tenho apenas 1,63m. Uma garota que tinha que olhar para cima para fitar os meus olhos é um achado precioso.

Prestei atenção nela no domingo em que se levantou na igreja e compartilhou a história de como se tornou cristã. Dois anos e meio antes, ela não tinha nenhum interesse em Deus. Naquela época, havia acabado de voltar para Maryland, vinda da faculdade em New Hampshire, onde viveu uma típica vida de badalação. Ela vivia uma vida vazia – dominada pelo pecado. De volta para casa, concentrou todas as suas energias em seu sonho de se tornar uma cantora profissional.

Uma mudança para Nashville era o próximo passo lógico na escada para o sucesso. Este era o tipo de pessoa que ela era. Seus pais se divorciaram quando tinha nove anos, e seu pai a criou para ser auto-suficiente. Ela se fixava num alvo e então fazia o possível para alcançá-lo.

Antes de ir para Nashville, ela queria ter algumas aulas de guitarra. Começou a procurar um professor, e um amigo indicou um guitarrista chamado Brian, que estava procurando alunos. O que Shannon não sabia é que Brian era um crente que estava buscando oportunidades para compartilhar sua fé. As aulas de guitarra que ela teve salvaram sua alma.

Depois de algumas semanas de estudo, Brian disse a Shannon como Jesus tinha mudado a vida dele. Ela ouviu educadamente, mas disse que nunca poderia viver da forma que ele vivia. "Eu o respeito, mas esta vida não é para mim."

"Você acha que vai para o céu?", Brian perguntou gentilmente.

"Eu acho que sou, basicamente, uma boa pessoa", ela respondeu.

Mas sua rejeição confiante era apenas encenação. Ela não conseguia tirar as perguntas de Brian da cabeça. E se realmente existisse um Deus? Se Ele existe, estaria disposta a viver para Ele?

Shannon começou a estudar sobre o cristianismo secretamente. Leu o livro de Romanos, que não a descrevia como uma "boa pessoa", mas como uma pecadora que precisava de um Salvador. Ela visitou uma livraria cristã e pediu algo que ajudasse alguém a explorar mais profundamente as reivindicações do cristianismo. "É para um amigo", explicou. Ela saiu da livraria com o livro *Mais que um Carpinteiro*, de Josh McDowell, que dá uma prova histórica da vida, morte e ressurreição de Cristo.

Deus estava atraindo Shannon. Ele estava destituindo-a de todo o seu orgulho e independência e despertando dentro dela um desejo por Ele. Uma noite, sozinha em seu quarto, se arrependeu de sua vida pecadora e auto-centrada e creu no Salvador que agora sabia que havia morrido por ela.

Algo melhor

Quando era criança, sempre esperava que, ao ver a garota com a qual iria me casar, fosse amor à primeira vista. Minha chance de experimentar o "amor à primeira vista" estava na minha frente.

No domingo em que ouvi Shannon contar sua história, estava interessado numa garota chamada Rachel. Na verdade, eu estava sentado ao lado da mãe dela naquela manhã. Quando ela terminou de falar, a mãe de Rachel se inclinou para mim e comentou como Shannon era "bonitinha", um comentário que agora acho bastante irônico.

Deus tinha aprontado comigo.

Quando eu estava sentado ao lado da mãe do *meu* plano para o futuro, Deus estava expondo o *seu* plano diante de meus olhos. Ele tinha criado um trajeto para mim que era mais maravilhoso do que qualquer coisa que eu pudesse criar por conta própria. E estava se assegurando de que eu nunca me esquecesse que este plano foi originado em *sua* mente.

Três meses depois, eu e Shannon estávamos trabalhando juntos no escritório da igreja. Nos demos bem desde o início, mas eu não estava pensando em nada além da amizade. Quando alguém me perguntava se eu estava interessado nela, eu achava a pergunta boba. Shannon era uma garota maravilhosa, eu dizia, mas não era o tipo de pessoa que eu imaginava me casar. Além do mais, nossa história era muito diferente. Eu provavelmente me casaria com alguém que tivesse estudado sem sair de casa e crescido na igreja, como eu – alguém exatamente como Rachel.

Mas, nos seis meses seguintes, meus planos para o futuro com Rachel começaram a se desfazer como um suéter barato. Eu me lembro da tarde em que descobri que ela gostava de outro rapaz. Rachel e eu éramos apenas amigos, e ela nunca me deu nenhum motivo para pensar de forma diferente, mas mesmo assim doeu. Eu precisava falar com Deus. Fechei a porta da minha sala; mas ainda não parecia privado o suficiente. Então, eu me enfiei dentro do armário e fechei a porta.

Ali no escuro, comecei a chorar. Eu não estava com raiva de Rachel; não era amargura. Chorei porque sabia que Deus estava por trás disso. Ele tinha fechado a porta de um possível relacionamento com Rachel, e o havia feito para o meu bem. Eu fiquei completamente dominado com o pensamento de que o Deus do universo estava disposto a se envolver nos detalhes da minha vida – de que estava disposto a se abaixar e fechar a porta pela qual não queria que eu entrasse.

Ainda chorando, comecei a agradecer. "Eu não entendo, mas te agradeço", eu disse. "Eu não entendo, mas sei que tu és bom. Eu não entendo, mas seu que estás tomando isso de mim porque possuis algo melhor."

Aquele dia foi decisivo. Eu parei de confiar em meus próprios planos e comecei a pedir a Deus que me mostrasse o dele.

Mudança no coração

A partir daquele dia, comecei a olhar para Shannon com outros olhos. Sua gentileza com todos e comigo chamou minha atenção. Ela tinha uma paixão por Deus e uma maturidade que suplantavam o seu pequeno tempo de conversão. Como eu posso explicar? Ela começou a aparecer em meus pensamentos e orações. Eu ansiava pela oportunidade de vê-la e de falar com ela. O que aprendi sobre ela através de nossa interação e do que eu ouvia dos outros me impressionou. Eu vi que todas as razões que eu levantava para não me interessar por ela eram muito superficiais. Deus estava mudando meu coração.

Vários meses se passaram até que eu chegasse ao telefonema. Atravessei a fase de "não devo me distrair com isso". Então entrei na fase de "*estou* distraído por causa disso". E finalmente, cheguei à fase de "vou lutar contra isso", na qual jurei parar de ficar perto dela. Criei até um novo caminho no escritório, para que não precisasse passar perto de sua mesa dez vezes por hora – algo que me vi fazendo "sem querer".

Eu estava morando com meu pastor, C. J., nessa época. Já que meu pai e minha mãe viviam no Oregon, C. J. e sua esposa, Carolyn, se tornaram meus segundos pais. Eu lhes contei sobre meu interesse por Shannon. O conselho deles me ajudou a permanecer no caminho certo: "Não deixe que a impaciência prevaleça. Torne-se seu amigo, mas não comunique seu interesse até que esteja pronto para começar um relacionamento com um propósito claro e uma direção definida. Você não quer brincar com o coração dela".

Isso não era fácil. Eu devia oscilar entre a convicção de que devia manter meus sentimentos confinados e a necessidade de enviar-lhe sinais só para descobrir se havia um interesse mútuo. *Eu poderia confiar melhor em Deus se soubesse que ela gosta de mim*, argumentei. Mas dentro do meu coração eu sabia que isso não era verdade. Eu precisava ser um homem – um teste sem compromisso não seria justo para ela.

Eu comecei a buscar o conselho das pessoas em que mais confiava – meus pais, meu pastor e pessoas de nossa igreja que conheciam bem Shannon e eu. Eu estava preparado emocional e espiritualmente para o casamento? Conseguiria manter uma esposa e uma família? Era a hora de Deus para eu buscar um relacionamento? Minhas orações eram constantes.

Ao invés de diminuir, meus sentimentos por ela cresciam. Meu círculo de conselheiros não me deu nada além de encorajamento para buscar um relacionamento. Eu não sabia se Shannon e eu iríamos nos casar, mas sentia que Deus estava me direcionando para tomar o próximo passo.

A mesa do canto

A mesa do fundo do Einstein's era o local. As incontáveis orações e conversas culminavam neste momento. Depois de meses escondendo meus sentimentos por Shannon, eu iria demonstrá-los.

Shannon entrou naquele instante. Ela parecia calma. Eu caminhei até a frente para cumprimentá-la, e então entramos na fila para pedir algo para comer. Eu olhei o menu na parede e fingi estar lendo, mas a comida nem passava pela minha mente.

"Você está com fome?", eu perguntei.

"Não, na verdade não."

"É, eu também não. Quer beber alguma coisa?"

"Claro."

Nós pedimos dois Sprites e nos sentamos.

Agora não havia como adiar o inevitável. Eu precisava dizer o que tinha ido fazer ali.

"Talvez você já saiba", eu comecei. "Sabe o cara que disse que estava interessando em você, e queria conversar sobre isso? Bem... sou eu."

Capítulo Dois

REDESCOBRINDO A CORTE

O retorno a um romance com propósitos

Uma lanchonete não é o lugar mais romântico para você dizer a uma garota que gosta dela. Mas naquela noite, o romance não era a prioridade. Nosso momento ali não era para ser sentimental. Eu não a pedi em casamento ou disse que estava completamente apaixonado, e ela não desmaiou.

Contei que, em nossa amizade, o meu respeito por ela cresceu. Eu não sabia naquela época se éramos feitos um para o outro, mas queria descobrir. Eu pedi que ela caminhasse comigo na corte, um novo nível de amizade. A intenção deste novo patamar seria aprofundar nosso relacionamento para que pudéssemos explorar a possibilidade do casamento através de algo repleto de oração e propósito.

Na verdade, eu não expliquei isto tão bem. Gaguejei, ri de nervoso, e não fui nada eloqüente. Na verdade, eu esqueci de usar o termo *corte*. Ela teve que me perguntar se eu estava propondo isso.

Não é a palavra em si que importava. O que importava, eu lhe disse, é que nosso relacionamento tivesse uma direção definida. Apesar de eu querer que saíssemos juntos, não estava interessado somente nisso. Queria, mais que tudo, agradar a Deus e descobrir se o casamento era o plano *dele* para nós. E desejava que este processo fosse algo que pudéssemos nos recordar com carinho e sem nenhum arrependimento – terminando em casamento ou não.

"Você não tem que me dar a resposta esta noite", eu lhe disse. "Pode pensar o quanto quiser." Então eu parei de falar.

Shannon não disse nada por alguns instantes. Ela olhou para o seu copo de Sprite e começou a brincar com o canudinho.

"Bem", ela finalmente disse, "eu poderia torturá-lo, saindo daqui e deixando você esperando uma resposta. Você sabe, sendo 'misteriosa'. Mas posso dizer que estou disposta a tentar. Eu não quero que pense que não estou levando a sério ou que acho que não preciso orar...". Ela parou. "É que eu já *estive* orando sobre isso."

Ela orava por mim? Ela *pensava* em mim? Eu queria me levantar e sair correndo pela lanchonete gritando de alegria. Ao invés disso, apenas concordei com a cabeça e disse: "É maravilhoso!".

O que *é* corte?

Se tudo parece estranho para você, eu entendo. A primeira vez que ouvi algo a respeito da corte, parecia um monte de regras bobas, do tempo da minha avó. Mas a ironia é que a palavra pode soar como velha, mas os princípios da corte não são. Na verdade, como você verá, estes princípios são extremamente necessários nos relacionamentos de hoje.

Pense a respeito das perguntas que afligem os cristãos: Como se aproximar o suficiente de alguém para tomar uma decisão sobre o casamento sem roubar nenhum de seus privilégios? Como encontrar o amor de sua vida sem deixar uma trilha de corações despedaçados e promessas quebradas em seu caminho para o altar?

É aqui que a "antiquada" corte começa a fazer sentido.

Através da história, comunidades e casais sabiam que uma intimidade com sentido não existiria sem comprometimento. Então eles adotaram certas práticas – certas diretrizes de comum acordo para o comportamento – que os ajudavam a contrapor propriamente a intimidade com o nível de comprometimento. Um homem só buscava uma mulher romanticamente quando tinha a intenção de buscar o casamento. Ele honrava o cuidado dos pais dela ao buscar a aprovação deles para o início de seu relacionamento. Com as intenções claramente entendidas, o casal recebia o privilégio de passar tempo junto. A relação física era guardada para o casamento, o compromisso total.

Apesar da palavra *corte* não estar na Bíblia, os princípios que a envolvem são eternos e, eu creio, têm suas raízes na Palavra de Deus. Nos planos de Deus, os benefícios pessoais de uma relação íntima – emocional ou sexual – sempre estão inseparavelmente conectados com um compromisso de grande duração com a outra pessoa, dentro da aliança do casamento. Para simplificar, a alegria da intimidade é a recompensa do compromisso. A corte é simplesmente um relacionamento guiado por este princípio.

A corte é um relacionamento entre um homem e uma mulher que estão ativa e intencionalmente considerando o casamento. E ela é baseada em princípios que estaremos abordando nos próximos capítulos, como genuinamente amar o outro, a prioridade da pureza sexual e a nossa necessidade da sabedoria e perspectiva que vem da comunidade ao nosso redor.

Você pode não gostar do termo *corte*. Não há problema nisso. Não há nada sagrado nele. Não importa a palavra que usamos para nossos relacionamentos, e sim como nós os vivemos.

Relacionamentos com propósitos

Aquela noite na lanchonete foi o começo de uma maravilhosa jornada para Shannon e eu – ela nem sempre foi fácil, e nós tivemos que aprender a depender de Deus juntos. Mas para nós, a corte foi um período maravilhoso em nosso relacionamento, onde evitamos a intimidade física, aprofundamos nossa amizade, aprendemos sobre os alvos e valores do outro e interagimos num nível espiritual. Nós fizemos muitas perguntas. Saímos bastante. Nos aproximamos e nos apaixonamos profundamente. O segredo de tudo o que fizemos em nosso relacionamento foi que, *desde o início, o propósito dele foi descobrir se Deus queria que nós nos casássemos.*

E este é o elemento essencial da corte – estar num relacionamento com um propósito.

Algumas pessoas perguntam por que eu me preocupei em entrar num período de corte com Shannon. Por que simplesmente não convidá-la para sair e ver o que acontecia? Escolhi a corte porque não queria outro relacionamento romântico indefinido. Eu já havia separado muitas vezes a busca por intimidade da responsabilidade do compromisso. Eu aprendi que esta não era uma forma sábia ou amorosa de tratar uma garota.

Quando expressei meu desejo de explorar a possibilidade do casamento, queria deixar claro o alvo de nosso relacionamento – buscar um caminho que nos conduzisse ao casamento, se esta fosse verdadeiramente a vontade de Deus.

Diferentemente das minhas relações anteriores, minha corte com Shannon não era ambígua. Desde o início, nossa busca de intimidade caminhava lado a lado com uma abertura ao compromisso. A diferença era que agora nossas atividades e o tempo que passávamos juntos tinham um propósito além da recreação, e este propósito estava claramente definido.

Você consegue ver a diferença? Nós estávamos caminhando para o compromisso do casamento, não simplesmente vendo o quanto nos envolveríamos romanticamente. Existiam sentimentos ali? Pode apostar que sim! Nossa corte foi um tempo inesquecível de um amor crescente um pelo outro. Mas nós não estávamos simplesmente tentando ser arrebatados por nossas emoções. Pelo contrário, permitíamos que nossos sentimentos crescessem naturalmente através do aprofundamento do respeito, amizade e compromisso que tínhamos um com o outro. Estabelecer um objetivo claro para um período de corte nos ajudou a evitar um envolvimento precoce de nossos corações e corpos antes que tivéssemos tempo de conhecer a mente e o caráter do outro.

Por que ser tão sério?

Eu sei que para alguns, usar o termo corte ou mencionar a possibilidade de casamento é muita pressão, muito cedo. Em resposta a estas pessoas, é importante observar que, apesar da corte ter um propósito sério, pode ser bem casual e leve quando começa.

Pense na corte como um caminho que leva à níveis mais profundos de seriedade quando se progride nela. O caminho começa com "Eu quero conhecer você melhor" e termina – se o resultado for o desejo de viver uma vida juntos – com "Eu quero me casar com você".

Mas existe um grande espaço entre estas duas pontas. Se você está ainda na fase do quero-conhecer-você-melhor, pode tornar isso claro para a pessoa que está cortejando, assim como aos outros que sabem do relacionamento entre vocês dois.

Nós não devemos tornar a corte algo mais sério do que ela é. Quando alguém me diz que está no período de corte, eu não digo "parabéns!", como se ele estivesse noivo. Não é isso que os estágios iniciais da corte tratam. É um tempo para o casal se conhecer melhor sem pressões externas ou grandes expectativas.

A única pressão que um casal deveria sentir quando começa a corte é a pressão sadia que a Palavra de Deus coloca sobre ele para honrá-lo e para os dois se tratarem com pureza e integridade. É este desejo que evita que tornemos a corte um namoro com um nome diferente.

Apesar da corte não dever ser tão séria, ela também não deve ser levada levianamente. De certa forma, a corte é um compromisso – é uma promessa de não brincar com o coração da outra pessoa. Neste sentido, ela é muito séria. É um desejo de honestamente explorar os méritos de um compromisso para a vida toda. O homem está criando um claro caminho para o romance neste relacionamento ao responder bem no começo do mesmo a pergunta: "Qual o objetivo?". O objetivo deste relacionamento é considerar o casamento.

Diferentes alunos, um mestre

Eu compartilhei com você um pouco da história sobre como Joshua encontra Shannon. Nos capítulos seguintes irei apresentar histórias de outros casais que buscaram aplicar os princípios da corte em seus relacionamentos. Mas quero que se lembre, ao lê-las, que Deus não possui um plano único e genérico para os relacionamentos.

Todos nós temos vidas diversas – idades diferentes, culturas diferentes, ambientes diferentes. Alguns podem ter os pais envolvidos em seus períodos de corte; outros não. Alguns podem desenvolver naturalmente uma amizade com outra pessoa na igreja ou na escola. Outros não conseguem, e têm que ser mais claros à respeito de seus interesses. Alguns abordam a possibilidade do casamento pela primeira vez, enquanto outros atravessaram o pesadelo de um divórcio e estão se movendo hesitantemente para um segundo compromisso.

Você pode estar se perguntando: "Como eu devo seguir os princípios de Deus para a corte quando minha experiência é tão diferente das outras pessoas?". Deixe-me tentar explicar.

Imagine que você é um estudante de belas artes. Você, e uma dezena de colegas, estão tendo aulas com um professor de pintura. Um dia, seu professor mostra um quadro que ele mesmo fez. É uma obra de arte magnífica, e ele quer que cada um de vocês a copie.

Você começa a sua cópia e, ao olhar para o lado, vê o que seu colega está fazendo. Você se surpreende ao observar que ele está usando um pincel mais grosso que o seu e um outro tipo de tela. Resolve, então, olhar para o resto da classe. Alguns alunos estão pintando com tinta acrílica, outros com tinta guache, e ainda outros, comtinta à óleo – e todos estão trabalhando com cores diferentes. Apesar de terem recebido a mesma tarefa, cada um está usando materiais distintos. Isto o deixa frustrado. Alguns estudantes têm material que você gostaria de ter. Por que só eles conseguiram?

Você não é o único estudante que percebe a disparidade. Uma mão se levanta à sua esquerda. Uma garota, com um pincel velho e apenas três tons de azul em sua paleta está agitada. "Isto não é justo", ela diz para o professor. "Como você quer que eu duplique a sua pintura quando as pessoas ao meu redor têm muito mais cores para escolher do que eu?"

O professor sorri. "Não se preocupe com os outros estudantes", ele diz. "Eu escolhi cuidadosamente os pincéis e as tintas para cada um de vocês. Confie em mim. Você tem tudo o que precisa para completar a tarefa. Lembre-se de que seu alvo não é criar uma pintura que espelhe a pessoa que está ao seu lado, mas fazer o seu melhor, com os materiais que eu lhe dei, para copiar o *meu* quadro."

Este é o nosso alvo na corte. É bom se inspirar em casais que estabeleceram um bom exemplo. Ainda assim, Deus não está pedindo que copiemos uns aos outros, mas que fixemos nossos olhos em nosso Senhor e Mestre Jesus Cristo e busquemos a corte numa forma que seja fiel ao caráter dele. Podemos descansar por saber que Deus é soberano sobre nossa vida. Não importa o que somos hoje, ou os erros que cometemos no passado, Ele nos deu tudo o que precisamos para glorificá-lo agora mesmo.

Movimento da corte?

Um repórter uma vez me pediu para comentar sobre o "movimento da corte" e as implicações da volta deste estilo antiquado de abordar os relacionamentos. Eu não tinha muito a dizer. Nunca quis fazer parte de um movimento. O objetivo de fazer a corte não deve ser se sentir moralmente superior, obter um relacionamento à prova de mágoas ou se filiar a uma coalizão pela corte. A motivação dos crentes deve ser obedecer a Deus. O conceito de corte só é válido quando nos ajuda a melhor honrar e glorificar a Deus. Este deveria ser o propósito principal de qualquer relacionamento.

Eu espero convencê-lo de que a corte é uma abordagem melhor para o romance. Mas não quero direcioná-lo para a corte pura e simplesmente. O alvo deste livro é ajudá-lo a colocar Deus exatamente no meio de sua vida amorosa – mostrar que a jornada da amizade ao matrimônio, do "Como você vai?" ao "Eu aceito", deve ser vista como uma oportunidade de agradar, honrar e glorificar o Criador do amor. Torná-lo nosso maior prazer e alegria é a melhor coisa que podemos fazer para nossos futuros relacionamentos e casamentos. Os simples e bíblicos princípios que este livro contém podem ajudá-lo a fazer isso e guiá-lo ao relacionamento romântico e comprometido pelo qual você tem orado.

REDESCOBRINDO A CORTE

O que é corte? Basicamente, é uma boa idéia... e não tão estranha como você possa imaginar à princípio. É um namoro com propósito. É um romance acompanhado pela sabedoria. É uma forma de abordar os relacionamentos que pode nos ajudar a viver as verdades da Palavra de Deus enquanto buscamos os desejos de nossos corações. É a história de um garoto encontrando uma garota onde cada um – quer escolha casar ou não – pode conhecer o outro mais profundamente com a confiança de que em seu futuro está o melhor de Deus para os dois.

Capítulo Três

ROMANCE E SABEDORIA: UMA UNIÃO FEITA NO CÉU

Porque você precisa de algo além de fortes sentimentos

Este lugar está ótimo, Rich disse tristemente. Ele olhou sobre os ombros dentro da escuridão da noite para ter certeza de que ninguém estava olhando, e então ergueu sua pá e acertou o chão.

Clang!

O som do aço acertando uma pedra ecoou no silêncio da noite. Ele se jogou no chão, seu coração martelando no peito. *Mas que droga!* Provavelmente havia acordado a vizinhança inteira. Rangeu os dentes ao pensar na possibilidade de ter acordado alguém na casa de Christy. E se o pai dela viesse para fora e o descobrisse? Que explicação poderia dar ao pai de sua ex-namorada para estar no jardim da sua casa com uma pá, às três horas da manhã? Ele tentou não pensar nisso.

Rich prendeu a respiração e esperou. Tudo estava quieto. Lentamente ele se levantou e retomou seu trabalho, desta vez, com cuidado redobrado. O barulho de sua escavação ainda parecia inacreditavelmente alto, mas ele decidiu terminá-la. Christy e sua família viviam no interior da Virgínia e tinham um grande jardim na frente da casa. Rich estava provavelmente a uns trinta metros da casa. Eles não o ouviriam. Pelo menos ele esperava que não...

O maravilhoso presente do romance

Antes de explicar porque Rich Shipe estava cavando um buraco no jardim de Christy Farris, preciso voltar um pouco no tempo. Esta é uma história e tanto – na verdade, é uma das histórias mais românticas que eu já ouvi. Mas esta não é a única razão pela qual estou compartilhando-a com você. Esta história fará algo além de simplesmente aquecer seu coração. É um exemplo do que acontece quando o romance – e todos aqueles sentimentos de paixão, excitação e urgência que o acompanham – é guiado pela sabedoria. Este capítulo fala exatamente sobre isso.

Quatro anos antes de sua escavação secreta no jardim, Rich tinha encontrado Christy na pequena igreja que eles freqüentavam. Os dois tinham quatorze anos. Rich achou Christy muito bonita; Christy achou Rich muito chato. Felizmente para Rich, ele não ficou com quatorze anos para sempre. Depois de algum tempo, ele e Christy se tornaram bons amigos. Durante o último ano do colégio, o relacionamento dos dois se tornou romântico. Eles começaram a se corresponder – não por e-mail, imagine, mas por cartas escritas à mão – para expressar seus sentimentos. Cada carta vinha de um coração cheio de amor.

Amar não era algo que Rich e Christy poderiam explicar facilmente. Quem dentre nós pode descrever o misterioso e poderoso desejo de buscar o amor do outro? Palavras não fazem justiça. Definir o romance é como tentar capturar a grandeza do Grand Canyon com uma máquina fotográfica. Não importa quantas fotos você tire, sempre irá faltar um pedaço.

E adivinhe só: apaixonar é idéia de Deus. Foi Ele que nos criou capazes de experimentar sentimentos românticos. Ele nos deu a capacidade de apreciar a beleza e de nos sentirmos atraídos por ela. Inventou o casamento para que o fogo abrasador da paixão pudesse se tornar algo ainda mais lindo – um amor pulsante e belo envolvido na aliança do casamento.

Por que Ele o criou? Pela mesma razão que criou o pôr-do-sol, as montanhas e as borboletas! Porque Ele é bom. Porque deseja nos dar um milhão de oportunidades diferentes para ver o quão maravilhoso Ele é.

Pense no primeiro homem e na primeira mulher que Deus criou. A história de Adão e Eva é o "garoto encontra garota" original. Sua história de amor mostra claramente que Deus é o autor do romance. Apesar de não pensarmos na história de Adão e Eva como uma história de amor, ela é repleta de romance. Eles eram seres humanos como você e eu. Eles viram, sentiram e desejaram. Você pode imaginar o momento em que os olhos dos dois se encontraram pela primeira vez? Visualize-o. Como deve ser ver um maravilhoso espécime do sexo oposto quando você nunca imaginou que ele existisse?

Fagulhas voaram.

Existiu uma química bem maior entre estes dois do que qualquer coisa que você já viu. E aqui está a parte mais incrível: Deus estava assistindo e se alegrando. Foi Ele que arranjou o encontro do primeiro casal. Deus, que criara galáxias através de sua voz, se alegrou na beleza do romance entre um homem e uma mulher. Eu não consigo deixar de pensar que Deus estava sorrindo ao ver o coração dos dois primeiros seres humanos batendo mais rápido do que nunca.

Até que o amor deseje

O romance é algo bom. Mas só porque é bom, não significa que nós podemos apreciá-lo quando e como quisermos. Como todos os outros presentes que Deus nos deu, o amor romântico não pode ser usado da maneira errada.

Até Cântico dos Cânticos, que revela o êxtase da paixão romântica, está cheio de avisos para que não removamos esta paixão das fronteiras do propósito e tempo de Deus. "Mulheres de Jerusalém, eu as faço jurar: Não despertem nem incomodem o amor enquanto ele não o quiser" (Ct 8.4).

Os sentimentos de Rich e Christy um pelo outro eram reais e profundamente românticos. Mas aqueles sentimentos haviam sido despertados no tempo e propósito de Deus? O pai de Christy, Mike Farris, não tinha certeza. Quando descobriu o quão emocionalmente envolvidos estavam Rich e Christy, decidiu intervir.

Mike tinha a chance de se encontrar com Rich regularmente – ele era seu superior. Mike era o chefe de gabinete do governador da Virgínia e tinha contratado Rich como seu motorista, para levá-lo às reuniões e eventos que aconteciam no Estado. Na maior parte dessas viagens, Mike trabalhava silenciosamente no assento de trás ou fazia ligações. Mas, para surpresa de Rich, um dia, Mike decidiu sentar no banco da frente. Assim que eles começaram a viagem, Mike se virou para Rich e disse: "É verdade o que eu ouvi sobre você e Christy?".

Rich engoliu em seco.

Enquanto Rich dirigia, Mike conversou com ele, com uma preocupação paternal, sobre a importância da sabedoria no romance. Mike tinha muitos arrependimentos por causa dos anos que passou namorando garotas no colégio e na faculdade. "Quando você está próximo de alguém emocionalmente, doa parte de seu coração", ele disse para Rich. "Existem conseqüências de longo prazo."

Pode-se contar, em favor de Rich, que ele realmente ouviu o que Mike estava dizendo.

A verdade o atingiu. Rich não estava pronto para sustentar uma família – tanto ele quanto Christy queriam ir para a faculdade. E também era muito cedo para acenderem as chamas do romance. Uma relação romântica prematura só os distrairia de sua preparação para o futuro.

"Eu nunca tinha ouvido algo assim", Rich se lembra. "Mike me convenceu. Ele não me forçou a terminar com sua filha. Quando compartilhou sua própria compreensão sobre relacionamentos, eu vi que estava certo."

Três palavras

Terminar o que ele e Christy chamavam de "nós" em um relacionamento não foi fácil, mas eles sabiam que isso precisava acontecer. Voltaram a ser apenas amigos. Encontravam-se na igreja, mas não agiam como um casal. Eles se viam como irmãos, e não namorados.

O plano funcionou... por um tempo. Mesmo sabendo o que era certo, seus corações eram *enganosos*. Eles *queriam* os sentimentos. *Queriam* a emoção de expressar como se sentiam. *Queriam* a segurança de saber que pertenciam um ao outro. Como resultado disso, começaram a comprometer seu compromisso de manter o relacionamento somente na amizade. Numa carta, Rich contou a Christy que a amava. Ela fez o mesmo. Eles não fizeram nada fisicamente, mas antes que percebessem, voltaram à toda ao relacionamento romântico, desta vez, sem que o pai dela soubesse.

Depois de vários meses, a culpa se instalou. Enganar os pais estava pesando. "Nós temos que contar aos seus pais", Rich disse para Christy um dia. "Nós não podemos continuar assim."

Eles nunca tiveram essa chance. No dia seguinte, o pai de Christy chegou em casa quando ela estava conversando ao telefone com uma amiga sobre seu relacionamento com Rich.

"Christy, sobre o que você está conversando?", seu pai perguntou quando ela desligou. "Conte-me em três palavras."

"Pedidos de oração", Christy respondeu.

"Sério?", seu pai perguntou. "Para mim parecia mais: 'Richard Guy Shipe'."

Eles foram pegos.

Christy cedeu e confessou. Rich se encontrou com os pais de Christy alguns dias depois. Assim como Christy, estava arrasado por tê-los enganado. Tinha quebrado sua promessa a Mike. Tinha roubado mais dos sentimentos de Christy, quando sabia que eles não lhe pertenciam.

Rich pediu perdão a Mike e sua esposa, Vickie. Desta vez, ele prometeu, o relacionamento realmente iria acabar. Agora ele havia entendido que o rompimento exigiria medidas drásticas. Eles não podiam ser amigos. "Se nós não recuarmos, iremos avançar", Rich disse. "Você não consegue permanecer parado num relacionamento como aquele." Eles tinham que sair da vida um do outro.

Foi então que Rich pediu a Christy que devolvesse todas as cartas que ele tinha escrito a ela. Relutantemente, ela entregou todas. "Eu queria ajudá-la", Rich explica. "Eu queria tirar de perto dela tudo o que representava meus sentimentos por ela. Aquelas cartas eram o registro de nosso amor e tudo o que compartilhamos. Nós as amávamos e as relíamos constantemente. Eu sabia que, para realmente colocar o nosso relacionamento aos pés de Deus, tínhamos que nos desgarrar delas."

Um funeral pela manhã

Rich estava cavando um buraco no jardim da casa de Christy naquela noite para enterrar uma caixa que continha todas as cartas que eles haviam escrito um para o outro. Ela tinha mais de cem páginas manuscritas dentro.

Seus sentimentos por Christy haviam mudado? Nem um pouco. Mas ele compreendeu que não podia ser guiado apenas por seus sentimentos. Tinha que agir da melhor forma. Não podia fazer o que parecia certo; tinha que fazer o que era o certo. Mesmo sabendo que iria doer, tinha certeza que o melhor a fazer pela garota que amava era sair de sua vida e terminar o relacionamento que estava distraindo os dois de servir a Deus e obedecer aos pais dela.

Foram necessárias duas horas de escavação para que Rich terminasse o buraco. Ele o fez com sessenta centímetros de largura, noventa centímetros de comprimento e quarenta e cinco centímetros de profundidade, para que ficasse abaixo da linha de congelamento do solo no inverno. Pegou a caixa com as cartas e a colocou gentilmente no fundo. Ele a tinha envolvido com várias camadas de plástico. Rich queria que suas esperanças ficassem no solo por um longo tempo... talvez para sempre.

Para aquele garoto de dezoito anos, este momento foi o enterro de seus sonhos. Ele estava submetendo seus sentimentos e anseios a Deus. Contemplou a caixa uma última vez, olhou para a casa silenciosa, e então empurrou a terra de volta para o buraco e pisou nela até que ficasse firme. *Se o Senhor quiser desenterrar isso algum dia, eu sei que tu podes*, ele disse a Deus. *Mas se não quiser, é ali que ela ficará.*

Ele cobriu o lugar com grama e foi embora em silêncio.

A pipa e a corda

Eu não quero que você tenha uma idéia errada sobre a história de Rich e Christy. Combinar o romance com a sabedoria não necessariamente significa que você irá conseguir exatamente o oposto do que você quer. Significa que você aprenderá a fazer o que é o melhor. Sabedoria é simplesmente ter uma compreensão mais completa da situação. É o "Oh, entendi!", que significa que compreendemos como uma coisa se relaciona com outra... e que estamos dispostos a mudar nossas atitudes e comportamento de acordo.

Eu gosto da forma com que Eugene Peterson descreve a sabedoria. Ele diz que é "a arte de viver *corretamente* em qualquer condição que enfrentamos". Quando guiamos o romance pela sabedoria, temos um romance *correto* – um romance que é direcionado pela verdade acerca de Deus e do mundo que Ele criou.

Eu gosto de pensar que o relacionamento entre a sabedoria e o romance é como o de uma corda com a pipa. O amor romântico é como a pipa, que pega o vento e sobe decididamente para o céu; a sabedoria é a corda que a traz para baixo, segurando-a. A tensão é real, mas benéfica.

Eu creio que há momentos em que a pipa se sente restringida pela corda. "Se essa corda chata me soltasse, eu poderia voar bem alto", a pipa talvez pense. Mas não é verdade, certo? Sem a corda para segurá-la na direção certa do vento, a pipa rapidamente voltaria ao chão.

Da mesma forma, o romance sem a sabedoria logo afunda. Ele se torna egoísta, indulgente e até mesmo idólatra. Você já esteve numa relação dessas? Já testemunhou um relacionamento assim na vida de um amigo? O que estava faltando nele? A resposta é: sabedoria.

Não é o suficiente apenas ter sentimentos românticos. Qualquer um sente isso! Um romance duradouro precisa de uma sabedoria prática, sensata, que sabe quando deixar o vento dos sentimentos nos levar mais alto e quando nos trazer mais para perto do chão. Quando expressar nossas emoções e quando guardá-las conosco. Quando abrir nosso coração e quando mantê-lo quieto.

A arte de um romance correto

Deixe-me compartilhar com você alguns exemplos práticos que ilustram o que eu quero dizer. A seguir, estão três formas como a sabedoria nos guia para relacionamentos românticos corretos.

ROMANCE E SABEDORIA: UMA UNIÃO FEITA NO CÉU

1. O romance diz: "Eu quero agora!". A sabedoria aconselha: "Paciência"

Provérbios 19.11 diz: "A sabedoria do homem lhe dá paciência". Meus maiores erros nos relacionamentos quase sempre foram resultado da impaciência. Isso também é verdade na sua vida?

Como Rich e Christy, talvez você não tenha conseguido esperar para expressar seus sentimentos por alguém e acabou começando um relacionamento prematuramente. Ou talvez tenha ficado impaciente ao esperar que Deus trouxesse alguém santo para sua vida, e então se envolveu com alguém que não devia. Você se arrependeu seriamente.

É preciso paciência para esperar pelo começo de um relacionamento até que você esteja realmente pronto para iniciar uma corte com propósito. Então, depois de ter começado um relacionamento com propósito, você precisará de paciência para ter certeza de que ele se desenvolve num *ritmo saudável*. A impaciência apressa tudo. Ela nos faz pular o tempo e a atenção que uma amizade saudável requer e irmos direto para uma intimidade física e emocional.

No primeiro encontro de Julia e Matt, ela mergulhou de cabeça num relacionamento emocional íntimo. Eles tinham saído para jantar e depois pararam na casa de suco Bibo's Juice para tomar um refresco. Não sendo do tipo tímido, Matt confessou que se sentia atraído por Julia. Ela admitiu que o sentimento era mútuo.

O que se seguiu à essa troca de flertes foi uma rápida jornada dentro da vida um do outro. A impaciência os fez correr. "Nós nos conectamos imediatamente", Julia se lembra. Tudo brotou a partir daquela primeira conversa. Ela expôs sua vida, contando a ele sobre suas dificuldades como nova convertida e sobre os erros que cometeu com os ex-namorados – antes da conversão e depois dela. "Eu contei a ele partes de meu testemunho que são muito pessoais", Julia diz. Matt fez o mesmo. Apesar de ambos se conhecerem há pouco tempo, sua conversa instantaneamente fez com que o relacionamento avançasse muito rápido. Eles se sentiam unidos, mesmo não tendo tempo para criar uma amizade ou realmente conferir o caráter um do outro.

Nos meses seguintes, eles continuaram a ser dirigidos pela impaciência. Sentiam-se unidos, mas queriam mais. O fervor do romance era intoxicante; mas eventualmente, como tudo em alta, o fervor diminuiu – a ilusão abriu espaço para a realidade. Apesar de Matt dizer que tinha deixado a sua antiga vida para trás, Julia descobriu que ele ainda estava vivendo em pecado e saía para festas secretamente. O relacionamento terminou amargamente. Hoje, Julia se arrepende de ter compartilhado tanto de seu coração com Matt.

Romance tresloucado

Só porque um casal está num ponto da vida em que podem pensar seriamente em se casar, não quer dizer que não devem ser precavidos. Eu chamo o relacionamento que Julia e Matt tiveram de "romance tresloucado". Ele me passa a mesma idéia de ir a um restaurante chique com alguém que não tem paciência para esperar cada parte da refeição ser servida. O chef tem um plano maravilhoso que exige tempo para cada prato ser apreciado completamente. Mas ao invés de aproveitar cada parte individualmente, seu acompanhante insiste que tudo – os drinques, a sopa, a salada, o prato principal e a sobremesa – seja misturado numa grande panela. Argh!

Imagine tomar com um canudinho esta mistura, e você terá a exata imagem de como alguns relacionamentos de hoje são. Ao invés de saborear os "pratos" de uma história de amor – se conhecerem, a amizade, a corte, o noivado, o casamento – casais impacientes embaralharam toda a seqüência. Antes de construir uma amizade, começam o namoro. Antes mesmo de pensar em qualquer tipo de compromisso, agem como se fossem donos um do outro. Um romance tresloucado, como uma comida toda misturada, é uma bagunça repulsiva.

A sabedoria nos faz ir mais devagar. Nós podemos ser pacientes porque sabemos que Deus é soberano e fiel. "Senhor, em ti espero; tu me responderás, ó Senhor meu Deus!" (Sl 38.15). A paciência é uma expressão de confiança que Deus, o Chef Maior, pode servir um relacionamento maravilhoso. Vamos aproveitar cada parte de nossa história de amor. Podemos ser fiéis e contentes onde quer que estejamos – seja na amizade, corte ou noivado – e não devemos tentar roubar os privilégios que Deus reservou para um período posterior.

Meu pai gosta de dizer que o tempo é a forma que Deus tem para evitar que tudo aconteça de uma só vez. Se você não está pronto para se casar, não entre em um relacionamento. Espere pacientemente pelo período certo para começar algo que eventualmente o conduza ao casamento. Se você está pronto para o casamento e está num relacionamento, não deixe a impaciência apressá-lo. Vá devagar. Aproveite o que Deus tem para vocês dois *agora*. Saboreie cada prato. Não busque a mistura de todos eles.

2. O romance diz: "Isto é o que eu quero e é bom para mim". A sabedoria nos faz considerar o que é o melhor para a outra pessoa
Tiago 3.17 diz: "Mas a sabedoria que vem do alto é antes de tudo pura; depois, pacífica, amável, compreensiva, cheia de misericórdia e de bons frutos, imparcial e sincera". Some todas estas qualidades e você verá que a sabedoria no relacionamento envolve um desejo altruísta de fazer o que é melhor para a outra pessoa. Esta importante qualidade de um relacionamento que glorifica a Deus é resumida pela regra de ouro: "Como vocês querem que os outros

lhes façam, façam também vocês a eles" (Lc 6.31). Ela é simples, mas ainda assim engloba todas as facetas de um relacionamento.

Sinceramente, o amor pelo homem ou mulher que está com você neste relacionamento é uma extensão de seu amor por Deus. Os dois são tão intimamente entrelaçados que é difícil saber onde um acaba e o outro começa – eles se misturam constantemente. É por isso que, quando pediram que Jesus nomeasse o maior mandamento, Ele citou dois – amar a Deus e amar ao próximo. Eles não podem ser separados. Quando servimos aos outros, estamos servindo nosso Senhor (Mt 25.40). Jesus entregou sua vida por nós para nos mostrar o que o amor realmente é, e nos ordena a seguirmos seu exemplo (1Jo 3.16). A Palavra nos diz para nos humilharmos, para considerar os outros melhores que nós mesmos e para buscar os interesses deles primeiro (Fp 2.3-4).

Nós glorificamos a Deus em nossos relacionamentos quando colocamos nossas necessidades de lado e baseamos nossas decisões naquilo que é melhor para a outra pessoa. Veja o tipo de pergunta que fazemos quando somos guiados por um desejo altruísta de fazer o que é o melhor para o outro:

- Começar este relacionamento agora é o melhor para ele?
- Expressar todos os meus sentimentos agora irá servi-la bem?
- Minhas ações estão encorajando-o a servir mais a Deus?
- Estou me comunicando claramente e de uma forma que o ajude?
- A forma como me visto o encoraja a ter uma vida de pensamentos puros?
- Beijá-la será o melhor para ela em longo prazo?

Um desejo altruísta de fazer o que é o melhor para a outra pessoa pode nos guiar nas grandes e pequenas decisões de um relacionamento. Ele não é entediante. É uma expressão de um amor sincero e a marca definitiva de um relacionamento cristão. "Com isso todos saberão que vocês são meus discípulos, se vocês se amarem uns aos outros" (Jo 13.35).

3. O romance diz: "Aproveite a fantasia". A sabedoria nos chama a basear nossas emoções e percepções na realidade
Provérbios 19.2 diz: "Não é bom ter zelo sem conhecimento, nem ser precipitado e perder o caminho". Este versículo poderia servir como um resumo perfeito da peça trágica *Romeu e Julieta*, de Shakespeare, e de vários romances na vida real. Ser apaixonado por alguma coisa, se a nossa paixão é baseada na ignorância ou em informações erradas, é um convite ao desastre. E a intensidade de nosso romance também pode fazer o mesmo.

Eu lhe contei anteriormente sobre Matt e Julia. Eles são um exemplo de duas pessoas que, motivadas pela impaciência e egoísmo, se tornaram excessivamente zelosas emocionalmente uma pela outra, mas depois descobriram que suas emoções eram baseadas em fantasias. Eles não se conheciam realmente. Suas emoções não eram baseadas em fatos.

O que é uma emoção? Na minha infância, meu pai me ensinou que uma emoção é uma expressão física de como nós percebemos a condição de algo que amamos. Raiva, alegria, medo, tristeza, inveja e ódio são combinações de nossas *percepções* e *valores*. Por exemplo, dois pedestres que vêem um gato ser atingido por um carro vivenciam emoções completamente diferentes baseadas em como percebem a situação e o quanto valorizam o gato. Alguém que odeia gatos pode ficar perversamente feliz, enquanto a outra pessoa, que possui e ama o gato, pode ser tomada pela tristeza.

Num relacionamento, se nossos valores são santos e nossa percepção do que valorizamos é precisa, nossas emoções serão apropriadas e saudáveis. Mas se algum deles não está sincronizado com a verdade, nossas emoções serão inapropriadas e nocivas. Nosso alvo deve ser: sermos estimulados corretamente pelo que é realmente importante.

A sabedoria nos convida a basear os sentimentos em informações precisas, não em distorções. Foi isso que Julia não conseguiu fazer. Suas emoções criaram uma imagem de Matt que não era real. Ela entrou de coração e de olhos fechados em seu relacionamento. Sua grande conversa com Matt no primeiro encontro criou um falso senso de conhecimento. Eles revelaram partes de si mesmos de uma forma muito íntima, mas não se basearam na realidade e nem puderam observar o outro em situações diferentes. Isto fez com que tivessem a impressão de que eram mais íntimos do que realmente eram.

No período da corte, temos que lutar contra a tendência de preencher o que não conhecemos sobre a outra pessoa com emoções baseadas na fantasia. Se não sabemos algo sobre ele ou ela, precisamos conversar, fazer perguntas esclarecedoras e descobrir quem ele ou ela realmente é – seus valores, suas motivações, seus alvos. Precisamos avançar além das atividades típicas e artificiais dos encontros e observar o outro em situações da vida real – na família, na vida da igreja, com os amigos, enfrentando pressões no trabalho. A corte é um tempo para ver o que há de bom, ruim e feio naquele que amamos. A partir daí, nossas emoções e decisões sobre o relacionamento podem ser baseadas em fatos.

O romance correto sobre o qual estava falando não desdenha ou governa nossas emoções e paixões. Mas faz termos certeza de que estes sentimentos estão fluindo da realidade e não de nosso desejo ou racionalização. Queremos que o verdadeiro caráter de alguém ganhe nosso coração. Queremos que nossas emoções respondam a quem ele realmente é e à verdadeira situação da relação.

Você está pronto para a corte?

Os problemas que encontramos nos relacionamentos de hoje – a impaciência, a falta de propósito e as emoções errôneas – são expressões da falta de sabedoria. Nós precisamos dela. A sabedoria complementa o romance. Como a corda amarrada na pipa, a sabedoria permite ao romance realmente voar. Ela o ancora, disciplina e o eleva ao seu verdadeiro potencial. Sim, a tensão existente entre os dois é boa.

Quando os ventos da emoção se tornam perigosamente fortes, a sabedoria traz a pipa para baixo, para a segurança, para não ser destruída. Foi isso que aconteceu na história de Rich e Christy. Mesmo sabendo que era difícil, eles retrocederam em seu relacionamento porque ainda não era o tempo certo para ele alçar vôo.

Eu converso com muitos casais iguais a Rich e Christy, que me perguntam: "Como descobrimos que é a hora certa para começar a corte?". A resposta básica para esta pergunta é que *você está pronto para começar a corte quando pode unir o romance à sabedoria.*

Outros casais já estão vivendo um relacionamento, mas querem realinhá-lo com os princípios da corte. Se você já está profundamente envolvido, pode transformar este relacionamento numa corte guiada pela sabedoria, agora que já está no meio do caminho? Cada situação é diferente, mas com certeza é possível. O importante é que o homem e a mulher compartilhem o desejo de se submeterem à esta santa sabedoria. Se somente uma pessoa deseja, tentar focalizar novamente o relacionamento geralmente não funciona. Esteja disposto a colocar "em espera" o relacionamento para que possa avaliar honestamente, e através da oração, se está pronto para um romance guiado pela sabedoria.

Você é capaz de ser paciente? Não é errado desejar o casamento. Mas qual é o principal motivo pelo qual você começa um relacionamento? É pela confiança de saber que está pronto para o casamento e que Deus lhe trouxe alguém santo para a sua vida? Ou é a impaciência? Você é caracterizado pela paz ou pela ansiedade? Não comece uma corte até que possa proceder com paciência.

Você pode estabelecer um caminho claro para o relacionamento? Eu me lembro de um garoto de treze anos que me parou numa conferência. Ele estava segurando a mão de sua namorada. "Nós paramos de namorar", ele disse orgulhosamente. "Agora estamos numa corte!" Eu sorri ao perceber que ele não havia compreendido o conceito de corte. Você não pode ter uma relação com propósitos ou estabelecer um caminho claro para ela quando o casamento está tão distante. A mesma linha se aplica a quem tem trinta anos e não tem certeza de que realmente quer se casar. Se não está disposto a ter um relacionamento que seja bem-sucedido e progrida para o noivado e casamento num período de tempo razoável, você provavelmente não deve começar um.

Suas emoções são baseadas na realidade? Como vimos anteriormente, suas emoções são resultado dos valores e da percepção. Primeiro, você possui os valores corretos sobre os relacionamentos? Talvez tenha acabado de se tornar um cristão ou está começando a obedecer a Deus nesta parte de sua vida. Não se apresse para entrar num relacionamento. Tenha certeza de que sabe o que Deus diz a respeito do que é importante num companheiro e o que torna um relacionamento saudável. Segundo, como anda a sua percepção? Você vê com precisão como está a sua própria situação e a da pessoa em que está interessado? Separou um tempo para aprender mais sobre o caráter dela? Não siga os seus sentimentos até que os tenha testado.

A hora e a idade certa para começar a buscar o casamento será diferente para cada um de nós. Mas o que todos nós devemos ter em comum é esperar até que o romance seja guiado pela sabedoria. Então poderemos experimentar o período da corte no *mo-*

mento certo e no *lugar certo*, com um *propósito claro* e com a *intenção correta*. Isto é romance em sua melhor forma.

O resto da história

Deixe-me terminar este capítulo com a conclusão da história de Rich e Christy. Um mês depois de Rich enterrar suas cartas de amor, tanto ele quanto Christy deixaram suas casas para irem para a faculdade, em locais diferentes do país. Eles não se despediram. Não escreveram ou ligaram um para o outro. Como suas faculdades tinham calendários diferentes, eles não se viram ao longo do ano. Foram tempos difíceis. O amor que sentiam um pelo outro não havia desaparecido.

Um ano e meio depois de eles terem se separado, Christy ligou para a sua mãe e lhe disse que ainda estava lutando com seus sentimentos por Rich. Quando seu pai descobriu, perguntou se ela sabia como Rich estava. "Como eu poderia saber?", Christy respondeu, com a voz sumindo. "Não falei mais com ele desde que terminamos."

Seu pai estava impressionado. Rich tinha mantido sua palavra e ficado sem falar com Christy. Mike decidiu intervir mais uma vez. Poucos meses depois, quando Rich estava de férias, Mike ligou para ele e pediu que passasse em seu escritório.

"Eu não tinha idéia de porque ele estava me chamando", Rich diz. "Eu pensei que estivesse encrencado, mas também não tinha idéia do que tinha feito."

Mas Rich não estava encrencado. Mike queria se encontrar com ele para agradecer por ter mantido a sua palavra. Ele também queria lhe dizer que sentia que já era o tempo apropriado para Rich e Christy começaram uma corte.

Rich ficou estupefato. Disse a Mike que precisava de tempo para orar a respeito. "Bem, na próxima semana eu tenho que ir a

Richmond", Mike lhe disse. "Por que você não me leva, e então nós conversamos mais sobre isso?"

Rich orou muito naquela semana sobre começar um relacionamento com Christy novamente. Mas à medida que buscava a Deus, sentia que Ele estava dizendo que ainda não era a hora certa para a corte. "Eu ainda não estava pronto para me casar. Ainda estava tentando descobrir o que iria fazer da vida. Parecia que Deus estava dizendo: 'Você se comprometeu com estes princípios, e então deve permanecer neles, mesmo se o pai dela lhe der a autorização para recomeçar o relacionamento'."

Quando Rich compartilhou isso com o pai de Christy, Mike não podia se sentir mais surpreso e feliz. Era como se os seus papéis tivessem se invertido desde aquela primeira conversa sobre a sabedoria e o romance. Desta vez, era o jovem que estava compartilhando o que Deus lhe havia ensinado sobre esperar a hora certa.

Uma maçã para Christy

Rich e Christy não iniciaram a corte naquela época, mas começaram a conversar novamente e a retomar a amizade. Um ano depois, com Christy ainda na faculdade, eles começaram uma corte à distância. Tudo era muito diferente desta vez. O relacionamento era tão romântico quanto o anterior, mas agora tinha propósito e direção. Eles tinham a bênção de seus pais. A cada dia, sua confiança em relação ao casamento crescia.

Durante todo esse tempo a caixa cheia de cartas ficou enterrada. Rich nunca contou a Christy que ela estava no jardim de sua casa. Ela pensava que as cartas tinham sido queimadas. No Natal anterior à sua formatura, descobriu que estava errada.

Na manhã de Natal, Rich estava na casa dos Farris. "Este presente é para você", ele disse, entregando a Christy uma pequena caixa. Ela a abriu e descobriu um recibo de compra de uma macieira.

"Eu comprei uma árvore para você", Rich disse para ela.

"Oh", Christy disse, tentando parecer animada.

Sua família, que já sabia da surpresa, mal podia se conter. "Por que você não a planta em nosso jardim?", seu pai sugeriu.

"Agora?", Christy perguntou.

"Claro!", Rich disse. "Vamos lá." Ele pegou o braço dela e a puxou para fora, onde a árvore e uma pá estavam esperando.

"Onde vamos plantá-la?", Christy perguntou enquanto desciam em direção à calçada.

"Este lugar está bom", Rich disse, apontando para o chão. Ele sorriu para Christy, e então ergueu sua pá e acertou o chão.

Mais uma carta

Eu não lhe contei que Rich havia deixado mais uma coisa naquela caixa antes de enterrá-la. Quando ele a embrulhou cuidadosamente, anos antes, colocou uma nova carta em cima de todas as outras. Era uma carta que Christy nunca havia lido. Nela, Rich a pedia em casamento.

Então, na manhã de Natal, mais de quatro anos depois de ser enterrada, a caixa cheia das preciosas cartas foi desenterrada e aberta. E, quatro anos depois de ser escrita, Christy estava lendo a proposta de casamento de Rich.

Hoje, Rich e Christy têm uma linda história porque estavam dispostos a ser guiados pela sabedoria. Todos possuem sentimentos apaixonados, mas somente aqueles que buscam o propósito e tempo de Deus conhecem a verdadeira alegria do mais completo amor romântico.

Pergunte a Rich Shipe. No mesmo lugar onde enterrou suas esperanças, ele as viu renascer. No mesmo lugar em que se ajoelhara no funeral de seus sonhos, ele se curvou novamente para pedir Christy Farris em casamento. E quando ele tirou o anel de noivado de seu bolso, ouviu a resposta dela: "Sim!".

Capítulo Quatro

DIGA-ME COMO, DIGA-ME QUEM, DIGA-ME QUANDO!

Como Deus o guia para a coisa certa, no momento certo

Quando Claire Richardson descobriu que David Tate gostava dela e que havia pedido permissão ao seu pai para começarem um relacionamento, imediatamente caiu em lágrimas.

Não eram lágrimas de *alegria*.

Claire estava chateada. Ela se jogou na cama, batendo as mãos no colchão e começou a gritar histericamente: "Não! Não! Não! Ele está estragando tudo! Eu nunca pensei nele dessa forma! Não estou interessada nele! Ele está estragando tudo!".

Sua reação espantou os pais. Como Claire e David eram bons amigos, presumiram que ela pelo menos consideraria a *possibilidade* de uma corte. Mas Claire já sabia quem queria, e não era David. Ela gostava de Neil – e Neil gostava dela. Ele também tinha conversado com o pai dela, mas como Neil ainda estava a anos de estar pronto para o casamento, o sr. Richardson falou para que ele esperasse ainda um tempo para a corte. Então, apesar de seu relacionamento estar em compasso de espera, Claire e Neil sabiam que gostavam um do outro e tinham confiança sobre o seu futuro juntos.

Na mente de Claire, não havia possibilidade para um romance com David. Ela era um bom amigo – e nada além disso. Ela já havia se imaginado casada com diferentes rapazes, mas nunca com David. Ele era como um irmão. Agora ela tinha certeza de que sua amizade estava destruída. Por que ele teve que fazer isso? Por que tinha que gostar dela?

Ela nem precisou orar sobre o assunto. "É claro que isto não está certo", disse aos pais.

Nossa verdadeira condição

E se a garota que você gostasse reagisse como Claire fez com David? O que você faria se o garoto errado começasse a procurá-la? Ou se o garoto certo, não?

As perguntas do quando e com quem buscamos uma relação – ou no caso de Claire, quando e quem permitimos que *nos* procure – podem ser confusas e desconfortáveis. A maior parte de nós prefere não enfrentá-las. Caminhar pela fé não é a nossa idéia de diversão. Nós queremos remover o risco e o desconforto. Antes de agirmos, queremos que Deus torne a situação bastante clara.

Você consegue perceber o problema? Nosso modo de pensar é o seguinte: "Deus, me diga *quem*, me diga *como*, me diga *quando* – e então eu confiarei em ti". O que Deus quer que vejamos é que, se Ele fizer isso, nossa confiança não será real. Nós queremos uma resposta definitiva para não nos sentirmos vulneráveis, fracos e dependentes dele. Mas adivinhe só? Nós *somos* vulneráveis, fracos e dependentes dele. Somente quando compreendemos nossa verdadeira condição é que Deus pode demonstrar sua força e amor por nós.

Neste capítulo iremos usar a história de um casal para ilustrar os princípios que podem ajudar você com as perguntas do *como*, *quando* e *com quem* na corte. Mas, mais importante, espero que ela o ajude a lembrar que encontrar essas respostas em sua vida envolve uma jornada de fé da qual você não pode escapar ao ler um livro. O que você irá ler aqui pode ajudar, mas ainda terá que enfrentar estas questões em sua vida.

Agora acho que você irá achar o restante da história de David e Claire interessante. Sua experiência provavelmente será diferente da deles, mas ao ler como Deus agiu em suas vidas, espero que você se sinta encorajado ao ver a fidelidade, criatividade e "timing" impecável dele.

Pássaros voando; pássaros na mão

David ligou para Claire alguns dias depois de seus pais terem conversado com ela sobre a proposta da corte. Ele não sabia sobre a resposta negativa, mas mesmo ao telefone soube que Claire não estava nada animada com a possibilidade. Ele decidiu não perder a esperança e perguntou se podiam se encontrar para conversar.

Apesar de Claire ter aceitado se encontrar com ele e ouvir o que tinha a dizer, já sabia que resposta daria. "Eu simplesmente não conseguia enxergar como um relacionamento com ele seria a melhor coisa para mim." Ela tentou orar sobre aquilo, mas as suas orações não eram de coração. "Senhor, se for da tua vontade, por favor, mude o meu coração... mas, *por favor*, não permita que isso seja a tua vontade!"

Ela se sentia mal. Sabia que David não tinha expressado seus sentimentos de forma descuidada. David não era o tipo descuidado – ele era muito pensativo, metódico e firme. Até mesmo sua aparência demonstrava isto: seu cabelo preto sempre estava curto e perfeitamente penteado; suas roupas estavam sempre passadas e limpas. Ele lembrou com pesar do dia em que seus colegas descobriram que mantinha suas camisetas guardadas em ordem alfabética. "Hei, David, você pode me emprestar uma camiseta?", eles provocavam. "Uma azul, que esteja na letra *K* está ótimo."

Você agora consegue imaginar que um garoto que guardava em ordem alfabética suas camisetas seria bastante sério na decisão de procurar uma garota. E David era. Ele queria, como disse: "Ter certeza que o pássaro estava em minha mão, e não voando".

Ele orou sobre isso. Avaliou a situação e a sua vida. Conversou com seus pais e seu pastor. Ele até mesmo escreveu uma lista de perguntas que o ajudariam a determinar se aquela era a hora certa de pensar em casamento:

1. Estou preparado para guiar minha esposa espiritualmente e para servi-la no dia-a-dia?
2. Eu tenho um caráter provado, e estou crescendo em santidade?
3. Eu presto contas a quem e pelo quê?
4. Como estou envolvido na igreja? Quais são meus dons e minhas áreas de ministério? Quais são as dela?
5. Meus motivos para buscar o casamento são egoístas e mundanos; ou têm o objetivo de honrar a Deus?
6. Eu poderei sustentá-la financeiramente?
7. O que o meu pastor e os meus pais têm a dizer?

David orou meditando nestas questões. Pensou cuidadosamente sobre Claire. Além de ser profundamente atraído por ela, sabia que ela era santa e uma mulher de caráter. Um a um os "pássaros" foram se acomodando em sua mão. David sentiu-se confiante de que Deus queria que desse o próximo passo.

Ele procurou primeiro o sr. Richardson. Sabia que Claire somente consideraria um relacionamento com ele se seus pais o aprovassem. Ela sempre buscava o pai para uma análise e decisão sobre qualquer garoto que estivesse interessado nela.

A conversa de David com o pai dela foi animadora, apesar de um pouco estranha. O sr. Richardson deu sua permissão para que David conversasse com Claire, mas lhe disse que outro jovem já havia expressado interesse nela. "Como a relação deles está em ponto de espera", ele disse, "creio que não há problema em você revelar a Claire seu interesse. Eu não sei qual é a vontade de Deus no meio disso tudo, mas tenho certeza de que Ele a tornará clara para vocês. Eu e minha esposa vamos ter uma conversa com ela, e então você poderá ligar para Claire".

Então o sr. Richardson disse algo que intrigou David pelos dois anos seguintes. "Vá em frente e converse com ela... mas não aceite a sua primeira resposta."

Oito semanas de silêncio

Evidentemente o sr. Richardson tinha um palpite de que sua filha não estaria inicialmente receptiva à possibilidade de um relacionamento com David. E, como os socos no colchão e os gritos dela indicavam, ele estava certo.

Quando David levou Claire para jantar, ela ouviu silenciosamente enquanto ele falava sobre as qualidades que viu nela e que o atraíram. Ele sabia que ela o considerava um amigo e somente perguntou se oraria sobre a possibilidade de considerar a corte.

Neste momento, eles tiveram sua primeira falha de comunicação. Por uma razão qualquer, Claire deixou o jantar crente que David havia compreendido que ela não estava interessada, enquanto David saiu de lá pensando que ela iria orar sobre o assunto e lhe dar a resposta.

O que se seguiu foram dois meses de silêncio entre eles – oito longas semanas, nas quais Claire ficou mais e mais amarga com David, por ele ter "arruinado" sua amizade. David também se ressentia com ela por não "ser sincera" e lhe dar uma resposta definitiva.

"Eu estava emburrada", Claire se lembra. "Eu estava com raiva dele por atrapalhar meus planos e, então, por não querer que ele pensasse que eu estava mudando de idéia ou mesmo considerando um relacionamento, fui rude e o ignorei."

Eles participavam das mesmas atividades na igreja, e até do mesmo grupo de louvor, mas não conseguiam conversar um com o outro. David assumiu que a resposta dela era não, mas estava magoado por ela não lhe dizer. Uma amizade, que antes era maravilhosa, agora estava morta.

É impossível saber por quanto tempo eles continuariam assim se Deus não tivesse intervido. Num domingo, na igreja, o sermão foi sobre como a amargura pode destruir a comunhão entre os irmãos. Claire estava sentada no banco atrás de David. Ela sabia que Deus estava falando ao seu coração. Depois do culto, puxou David de lado e, em lágrimas, pediu desculpas. "Sinto muito pela forma como agi nos últimos dois meses", ela disse. "Eu estava amarga. Não tratei você como um irmão. Não tenho sido sua amiga. Estive sendo egoísta, o ignorava e estava fugindo dessa situação. Você pode me perdoar?"

Agora eram os olhos de David que estavam cheios de lágrimas.

"Quando eu vi aquilo", Claire disse, "percebi quando o meu pecado o havia machucado".

David estava aliviado, mas também se sentia culpado. "Quando ela se desculpou", ele disse, "vi que eu tinha pecado contra ela da mesma forma. Sim, senti que ela me deixou esperando. Mas Deus me mostrou que também fui amargo. Ao invés de procurá-la para descobrir se iria me dar algum tipo de resposta, em meu orgulho me recusei a conversar com ela. Não a estava tratando como minha irmã e minha amiga. Eu também pedi que me perdoasse".

David e Claire se reconciliaram naquele dia. A experiência, apesar de dura, fortaleceu a amizade.

Desejando demais

Apesar de sua amizade com Claire voltar ao normal, a experiência de ter sido recusado ainda era muito confusa e frustrante para David. Por que Deus tinha tornado tão claro que devia se aproximar dela se sabia que iria dizer não? Não tinha todos os pássaros na mão? Tinha um bom emprego, se sentia suficiente maduro emocional e espiritualmente, e as pessoas ao seu redor o consideravam pronto. Ele *estava* pronto! Qual era o problema então?

David conversou com seu pastor, Kenneth, que o ouviu pacientemente enquanto desabafava a sua frustração. "Dave, eu creio que você transformou o casamento num ídolo", Kenneth lhe disse.

"Não, não, eu já passei dessa fase!", David protestou. "Eu orei sobre isto. Avaliei meu coração. Eu estava contente como solteiro antes de me aproximar dela."

"Isso é bom", Kenneth disse. "Mas olhe a sua resposta à falta de interesse dela: você ficou amargo; ficou com raiva. Isto me faz pensar que você quer demais o casamento. Ele se tornou um pequeno substituto para Deus em sua vida e, quando você não conseguiu alcançá-lo, reagiu em pecado."

João Calvino escreveu: "O mal em nosso desejo geralmente não está *no que* desejamos, mas porque *desejamos demais*". David viu o seu erro. O casamento era algo bom. Era bom que o desejasse. Mas Deus estava usando esta experiência difícil, de ter este desejo *negado*, para mostrar a ele que o desejava demais. Ele havia depositado sua esperança de felicidade no começo de uma corte e em se casar, ao invés de confiar em Deus para a felicidade plena.

Deixando ir

Dois anos se passaram. Durante aquele tempo, David orou a respeito de outras garotas. Num certo momento, se aproximou de uma delas para conversar sobre começarem um relacionamento. Ela também disse não. "Segunda bola fora", ele disse sorrindo.

A garota pela qual David não iria arriscar um chute novamente era Claire. Sua amizade estava mais forte que nunca, e ele não queria colocá-la em risco. Além disso, aceitou o fato de que ela ainda gostava de Neil.

Mas David não sabia que Deus estava trazendo o relacionamento de Claire e Neil ao fim. "Ele estava nos desviando do foco", Claire explica. Ela e Neil finalmente conversaram e decidiram que ficar "em pausa" indefinidamente não era bom para nenhum dos dois. "Nós decidimos que precisávamos assumir que nada iria acontecer entre nós."

Deixar que o relacionamento com Neil acabasse não era fácil para Claire. As ligações emocionais eram fortes. "Eu tenho todos esses sentimentos por Neil", ela contou ao pastor Kenneth. "Como vou conseguir mudar meus sentimentos e emoções?"

"Você vai conseguir", Kenneth lhe afirmou, "mas primeiro precisa mudar a forma como pensa em Neil. Então as suas emoções irão seguir o mesmo caminho".

"Isto é exatamente o que eu preciso", Claire disse. "Por dois anos estive pensando em Neil como o meu marido em potencial, ao invés de um irmão em Cristo. Eu tenho que renovar o meu pensamento sobre ele. Quando os sentimentos ressurgirem, eu poderei facilmente apontar a causa desse erro."

As coisas não mudaram da noite para o dia, mas lentamente os sentimentos de Claire por Neil foram desaparecendo. "Deus usou aquele tempo para me ensinar a confiar nele com o meu coração – a crer que se o relacionamento com Neil não estava no plano dele, ajudaria a manter aqueles sentimentos distantes e mudar o meu coração. E Ele mudou, levando aqueles sentimentos embora."

Alguns meses depois dos sentimentos por Neil terem desaparecido, uma coisa ainda mais surpreendente aconteceu. Claire começou a se sentir atraída por David. Ela começou a observar seu coração de servo, humildade e liderança. Esta atração era diferente da que tinha sentido por outros rapazes. "Antes era algo assim: 'Este é o rapaz que eu quero!'. Mas dessa vez eu pensava: 'Este é um homem que eu posso seguir'."

Apesar dos sentimentos que floresciam, Claire não queria alimentar esperanças. Depois do que aconteceu da primeira vez, tinha dúvida se David tentaria algo com ela novamente.

Um tipo diferente de paz

David continuou sem saber de todas essas mudanças em Claire. Mas uma coisa sabia – ainda nutria sentimentos por ela. Na verdade, ele ainda se perguntava o que o sr. Richardson quis dizer quando falou: "Não aceite a primeira resposta dela". Ele deveria tentar novamente? Estaria arriscando perder a sua amizade?

Enquanto meditava nessas coisas, David se sentiu surpreso por descobrir que não estava ansioso. Deus o tinha transformado. Mesmo não percebendo, e sentindo algumas vezes que sua vida estava estagnada, Deus fazia um importante trabalho em seu coração. O garoto que adorava ter "o pássaro na mão" agora confiava mais em Deus do que nos seus planos meticulosos. O rapaz que desejava o casamento agora trazia seus pedidos a Deus com alegria e gratidão, ao invés de desespero ou reclamação.

Um grande encorajamento para ele foi Filipenses 4.6-7:

> Não andem ansiosos por coisa alguma, mas em tudo, pela oração e súplicas, e com ação de graças, apresentem seus pedidos a Deus. E a paz de Deus, que excede todo o entendimento, guardará o coração e a mente de vocês em Cristo Jesus.

Agora suas orações sobre a corte e casamento eram muito diferentes. *Deus, eu não quero ficar ansioso sobre esta área da minha vida*, ele orava. *Eu entrego meus pedidos a ti. Gostaria de me casar, e o Senhor sabe em quem estou interessado. Mas eu confio na tua Palavra, que diz que a tua paz, que excede todo o entendimento, guardará meu coração. Eu quero a tua paz, não a paz que eu tento criar.*

Um dia, em sua viagem de uma hora para Baltimore, David orou: "Deus, qual é a sua hora para eu buscar um relacionamento?".

Enquanto orava, David finalmente percebeu que era a primeira vez que não estava assumindo que sabia qual garota seria. Ele finalmente havia entregado isso a Deus. "Para mim, esta era uma evidência de que Deus estava me transformando", ele diz. "Eu orei: *Senhor, eu preciso que me ajudes a determinar quem, tanto quanto o quando e como.*"

O tempo certo na cidade dos ventos

Para David e Claire, o tempo certo veio numa viagem que fizeram juntos a Chicago. Eles viajaram para lá com mais vinte e cinco jovens para ajudar na implantação de uma nova igreja e para fazer evangelismo.

Na noite anterior à saída, David e seus pais tiveram uma conversa que inesperadamente se voltou para o casamento. Seu pai e sua mãe perguntaram quando ele se sentiria pronto para buscar uma garota para casar. Eles amorosamente o desafiaram a que não fosse travado pelo medo. "Filho", sua mãe disse, "acho que já está na hora!".

"Está na hora!" Com essas palavras ressoando em seus ouvidos, no dia seguinte David e o resto do grupo voaram para Chicago. Deus estava falando com ele através de seus pais e estava lhe dizendo que era hora de agir?

Numa noite em Chicago, começou a conversar com Amy e Nicole, duas garotas que eram suas amigas desde o tempo da escola. Para surpresa sua, a conversa se voltou para o tópico do casamento. "Então, quando você acha que vai procurar alguém para se casar?", elas perguntaram, rindo de sua própria indiscrição. Amy e Nicole não tinham idéia do peso que sua próxima afirmação carregava. "David, você sabe que nós amamos você. Então, realmente achamos que já está na hora de você encontrar alguém!"

David mal podia acreditar que suas duas amigas estavam ecoando exatamente as mesmas palavras de seus pais. Ele começou a lhes dizer que *estava* contente. Que estava em paz e não tinha pressa. Enquanto conversavam, David percebeu a profundidade do que estava falando. Ele realmente *sentia* o que estava dizendo! Ele realmente *estava* contente. Ele realmente *estava* em paz.

E, subitamente, no meio dessa paz dada por Deus, David sentiu que Ele estava lhe dizendo que era chegada a hora de tentar novamente.

Mais uma tentativa

David escolheu a última noite da viagem para agir. O grupo estava caminhando no centro de Chicago. David queria que sua conversa com Claire acontecesse exatamente quando estivessem atravessando uma ponte sobre o rio Chicago. Ele se manteve no fim do grupo e, para sua alegria, Claire estava um pouco mais atrás.

Quando chegaram à ponte, ele perguntou: "Claire, posso conversar com você um minuto?".

"Claro", ela respondeu. Ele parecia muito sério.

Os dois diminuíram o passo e deixaram que os outros se afastassem para terem alguma privacidade.

"Nossa, eu não acredito que estou fazendo isto... de novo!", David disse sorrindo.

Claire segurou sua respiração. Ele iria...? Não... não pode ser.

David começou devagar e deliberadamente, usando todo tipo de rodeios que pôde imaginar. "Eu estava me perguntando se você consideraria a possibilidade... de orar sobre... talvez pensar a respeito... de quem sabe, termos um relacionamento?"

Então, antes que Claire tivesse a chance de responder, prontamente disse que ela não tinha a obrigação de estar interessada. E que se não estivesse, estaria tudo bem. Na verdade, sempre seria seu amigo se dissesse não. Ela não tinha que responder imediatamente... podia esperar o quanto fosse necessário... e...

"Eu posso dar minha resposta agora?", Claire o interrompeu.

"É claro."

"Minha resposta é sim", ela disse.

Parado ali em cima da ponte do rio Chicago, com seu coração batendo muito forte, tudo o que David conseguiu dizer foi: "Legal!".

Em sua terceira tentativa ele finalmente havia acertado.

Aprendendo à medida que caminhamos

Vejo várias coisas que podemos aprender com a história de David e Claire. Deixe-me compartilhar as que considero mais importantes.

1. Lembre-se, Deus está interessado na jornada, e não somente no destino

David queria concretizar sua prontidão para o casamento; Deus queria revelar os ídolos que ele tinha em seu coração. Claire queria que Deus a abençoasse em sua escolha por um marido; Deus queria que ela submetesse suas emoções a Ele.

É um erro enxergar o processo de decidir o como, quando, e com quem nós começamos um relacionamento como algo que temos "que atravessar" para podermos chegar à corte e ao casamento. Deus não está com pressa. Seu interesse em tudo isso não está limitado à nos casar – Ele quer usar o processo, e todas as perguntas e incertezas que ele envolve, para nos refinar, nos santificar e aumentar nossa fé.

2. Não espiritualize demais a tomada de decisão
Deus usou meios bastante práticos para guiar David: seu processo de avaliação sobre seu estado em relação ao casamento, o consentimento do pai de Claire, o encorajamento de seus pais e amigos e sua própria paz de se aproximar dela mais uma vez.

C. S. Lewis certa vez escreveu a um amigo: "Eu não tenho dúvida de que o Espírito Santo guia nossas decisões de dentro de nós quando as tomamos com a intenção de agradar a Deus. O erro seria pensar que Ele fala apenas de dentro de nós, quando na verdade também fala através das Escrituras, da igreja, de amigos cristãos, dos livros, etc.". Apesar de Deus falar aos cristãos principalmente pela sua Palavra, Ele confirma e nos guia de muitas formas diferentes. Mas devemos evitar espiritualizar demais os passos que Ele espera que tomemos para tomar decisões.

Deus sabe de todas as coisas. Ele sabe com quem vamos nos casar antes mesmo de conhecermos a pessoa. Mas isso não significa que nossa tarefa é descobrir o que Ele já sabe ou nos preocupar que possamos estar perdendo o seu plano perfeito. Nossa responsabilidade é amá-lo, estudar sua Palavra, aprofundar nosso relacionamento com Ele e aprender a avaliar nossas escolhas à luz da sabedoria bíblica. Se estamos fazendo estas coisas, podemos tomar nossas decisões com a certeza de que não estamos nos afastando da vontade de Deus.

Nós iremos falhar e cometer erros algumas vezes? Com certeza. Mas a possibilidade de fracasso nunca deve nos paralisar. Apesar de não ser fácil para David, Deus usou a resposta inicial de Claire para o seu bem.

Por outro lado, gostaria de dar um aviso aos homens: eu não estou dizendo que a iniciativa não é necessária ou que seja santo sentar e esperar que Deus jogue uma esposa no seu colo. Como um antigo americano ditado diz: "Falta de iniciativa geralmente é confundida com paciência". Você também não deve confundir a falta de coragem com sabedoria.

3. *Nosso ideal romantizado do que queremos num cônjuge geralmente é diferente do que Deus diz que importa*
Minha parte favorita da história de David e Claire é quando ela começa a se apaixonar pelo caráter de David – não pela sua aparência ou personalidade, mas pelo seu *caráter*. À princípio, David não se encaixava em sua noção romantizada do que importava em um marido, mas então percebeu que ele era um homem que podia seguir.

A experiência de Claire é um bom lembrete de que devemos examinar muito cuidadosamente nossos critérios de busca por um cônjuge para vermos se estão alinhados com Deus. A primeira coisa não-negociável é de que o cônjuge em potencial seja cristão. Mas isso não é tudo o que importa. O livro de provérbios termina com um capítulo inteiro dedicado a descrever a "mulher de nobre caráter". Ele diz que uma mulher que teme o Senhor deve ser louvada e vale mais que rubis (Pv 31.10). Deus diz que a virtude e o caráter são o que mais importam.

Por que isto é tão importante? Porque aqueles que escolhem um cônjuge baseados em preocupações externas e mutáveis sempre experimentam a dor. O livro de Provérbios é recheado de avisos de como um casamento pode ser *ruim*. Ele nos diz: "A mulher exemplar é a coroa do seu marido, mas a de comportamento vergonhoso é como câncer em seus ossos" (Pv 12.4). Nos alerta sobre o homem "preguiçoso" e "irado" (Pv 20.4; 29.22). Diz que é melhor viver num canto sob o telhado ou no deserto do que partilhar uma casa com uma mulher briguenta (Pv 21.9,19).

Nós precisamos ter certeza de não deixarmos nossas noções romantizadas e tolas nos levarem a casar com uma pessoa que não possui um caráter santo.

Um segundo sim

A corte é um tempo para duas pessoas fortalecerem a amizade, para conhecerem melhor o caráter um do outro e ver como interagem como casal. Como você verá no próximo capítulo, a corte não é uma forma de pré-noivado. É um período para considerar a *possibilidade* do casamento e buscar fazer uma escolha mais sábia.

Algumas cortes terminam com as duas pessoas decidindo permanecer na amizade. A corte de David e Claire terminou com dois amigos decidindo que deviam buscar o casamento. Claire disse sim uma segunda vez quando, na véspera de natal, David a pediu em casamento.

Eu fui ao casamento deles. Foi uma celebração maravilhosa que culminou numa grande surpresa: David arranjou um helicóptero para levar os recém-casados da igreja para um hotel no centro de Washington, D. C.. Esta foi uma saída grandiosa!

Enquanto fiquei com os outros convidados do casamento esperando o helicóptero decolar naquela linda noite, não pude deixar de me maravilhar com a bondade de Deus. O garoto que tinha sentido o peso da rejeição finalmente estava carregando sua esposa. A garota que uma vez tinha se debatido em cima da cama, contrariada pelo pensamento de David Tate gostar dela, agora estava voando com ele para a lua-de-mel, mais apaixonada do que jamais sonhou poder estar.

GAROTO ENCONTRA GAROTA

Em sua cerimônia de casamento, Claire citou uma passagem de um dos seus livros preferidos, *Anne of Avonlea*, de L. M. Montgomery. Ela a escolheu porque descrevia perfeitamente a sua experiência:

> Talvez, no final das contas, o romance não surja na vida de alguém com pompa e circunstância, como um lindo cavaleiro indo ao seu encontro. Talvez ele se ponha ao lado da pessoa como um velho amigo, silenciosamente. Talvez se mostre em prosa, até que algum facho de luz revele todo o ritmo e música que existem dentro dele. Talvez... talvez... o amor nasça naturalmente de uma maravilhosa amizade, como um botão de rosa surgindo de dentro de seu abrigo verde.

Talvez, depois de todas as nossas dúvidas e perguntas, iremos descobrir que Deus já tinha, desde o início, a coisa certa no momento certo para nós. Talvez o seu plano seja mais maravilhoso do que qualquer coisa que possamos criar por conta própria – esteja ele acontecendo com "toda a pompa e circunstância", ou quieto, "como um velho amigo".

Talvez... talvez... nós devamos confiar nossas dúvidas sobre o "como?", "quem?" e "quando?" ao cuidado de Deus.

Garoto encontra garota
Parte Dois

O período da corte

Capítulo Cinco

MAIS DO QUE AMIGOS, MENOS QUE APAIXONADOS

*Como crescer e resguardar a amizade,
o companheirismo e o romance*

Estávamos almoçando no restaurante Corner Bakery quando meu amigo perguntou: "Você ficou sabendo sobre Wes e Jenna?".

"Não", eu respondi enquanto engarfava minha salada. Wes e Jenna eram dois jovens de minha igreja que recentemente haviam se tornado "um casal". "Quais são as novidades?"

"Eles decidiram terminar a corte", ele disse.

Eu parei de mastigar. "Você está brincando? Quem terminou?"

"Acho que foram os dois", ele disse dando de ombros. "Eles sentiram que Deus os estava direcionando para isso."

"Que coisa ruim", eu disse.

Ele concordou.

Wes e Jenna eram bons amigos. Eu achava que eles formavam um casal perfeito e que o noivado era iminente. "É muito ruim quando uma corte não dá certo", eu disse tristemente.

"Sim", meu amigo concordou.

Estava para continuar meus comentários melancólicos quando subitamente percebi o quanto estava enganado. O que estava dizendo? A corte de Wes e Jenna não falhou. Seu propósito era encontrar uma resposta para a pergunta: eles deveriam ou não se casar? Evidentemente Deus lhes mostrou que a resposta era não. Só porque não era a resposta que eu preferia, não quer dizer que a corte falhara.

"Deixe-me consertar essa minha última frase", eu disse.

"Como assim?", meu amigo perguntou.

"Eu deveria ter dito: 'É muito ruim quando uma corte não termina do jeito que eu gostaria'."

Conhecedor do meu *mau* hábito de casamenteiro, ele sorriu e concordou.

"Um brinde", eu disse enquanto erguia meu copo de Coca-Cola no ar. "Aos nossos bons amigos Wes e Jenna pelo término de sua *bem-sucedida* corte."

Definições corretas

Qual é a *sua* definição de uma corte bem-sucedida? É uma pergunta importante que deve ser respondida antes de você se aventurar a buscar a vontade de Deus para o casamento. Freqüentemente, nós agimos como se as cortes bem-sucedidas fossem somente aquelas que culminam com um anel de diamantes, ou um par de alianças, e as palavras "case comigo!". Mas um exame mais cuidadoso revela o quão limitada e tola é essa idéia.

Pense um pouco. O noivado não é necessariamente uma coisa boa. Hoje em dia, muitos casais baseiam sua decisão de se tornarem noivos somente em emoções ou numa paixão temporária, ao invés da realidade e sabedoria. Uma corte que nos leve para uma tola união pode ser considerada um sucesso? Não! Ou um casal que fica noivo depois de ter uma corte que estava repleta de egoísmo, pecados sexuais e manipulação? Eu não creio. Podemos torcer para que esse casamento seja bem-sucedido, mas é impossível chamar este tipo de corte de um sucesso.

Crescendo e se guardando

É claro que precisamos redefinir nosso conceito de sucesso na corte. Entrar no noivado não deveria ser o alvo principal. Qual deveria ser então?

Eu creio que numa corte que busca glorificar a Deus e é guiada pela sabedoria, temos duas prioridades centrais. A primeira é *tratar o outro com santidade e sinceridade*; a segunda é *tomar uma decisão sábia e bem fundamentada sobre o casamento*.

Na corte os nossos alvos devem ser o *crescimento* e a *proteção*. Nós queremos nos aproximar para podermos realmente conhecer o caráter do outro, mas também queremos proteger os nossos corações porque o resultado da relação ainda é incerto.

No começo de uma corte o homem e a mulher não sabem se irão se casar. Eles precisam conhecer o outro melhor, observar o seu caráter e descobrir como se relacionam como casal. É isso o que significa se tornar íntimo. Mas o fato de que o futuro é incerto também deve motivá-los a tratarem-se com o tipo de integridade que lhes permitirá olhar a corte sem arrependimento, não importando o resultado dela.

2Coríntios 1.12 resume o que cada casal cristão deve ser capaz de dizer ao fim de uma corte:

> Este é o nosso orgulho: A nossa consciência dá testemunho de que nos temos conduzido no mundo, especialmente em nosso relacionamento com vocês, com santidade e sinceridade provenientes de Deus, não de acordo com a sabedoria do mundo, mas de acordo com a graça de Deus.

Ao invés de tornar o noivado a linha de chegada da corte, nosso alvo deve ser tratar o outro de uma forma santa, tomar a decisão correta sobre o casamento e ter uma clara consciência sobre nossas ações.

Meu amigo Leonard é solteiro e tem trinta anos. Ele ficou desapontado quando Rita terminou a corte deles. Mas porque havia agido de forma apropriada com ela, tinha a paz que segue a consciência limpa.

"É claro que meu orgulho estava ferido", Leonard disse. "Eu me perguntei muitas vezes: 'Por quê?' e 'O que aconteceu errado?'. Mas eu considero nossa corte um sucesso porque fui capaz de sair dela louvando a Deus porque havia honrado e servido minha irmã. Eu a tratei com o respeito que um filho de Deus merece. O melhor da minha capacidade, meus motivos, pensamentos, palavras e ações, tudo estava no lugar correto."

Balanceando as ações

Manter as prioridades de crescer e se proteger torna a corte um ato de equilíbrio. Você possui o claro propósito de considerar o casamento, mas também precisa lutar contra o sentimento de assumir que vai se casar sem sombra de dúvidas.

Isso me lembra do equilibrista no picadeiro de um circo. Você já assistiu um artista atravessar um cabo de aço a vários metros de altura? Se a resposta for sim, sabe que o segredo para a segurança é a vara que ele carrega. Segurando-a horizontalmente, com ambas as mãos, ele não perde o equilíbrio e evita a queda lá de cima.

Você pode também imaginar que na corte estamos caminhando sobre este cabo, erguido entre a amizade e o casamento. As duas prioridades, de crescimento e de proteção, são como as duas pontas de nossa vara de equilíbrio. Precisamos segurá-la no meio para termos sucesso. Se nos protegemos demais, não avançaremos no relacionamento; se nos aproximamos demais, corremos o risco de termos feridas emocionais ou fazermos escolhas erradas no futuro.

Existe uma tensão que deve ser mantida. Lembre-se de que é uma boa tensão. Se Deus o dirige para o casamento, você não precisa proteger o seu coração – vocês pertencerão um ao outro completamente. Acredite em mim, você amará as lembranças de sua caminhada sobre o cabo de equilíbrio da corte como um período excitante e único em seu relacionamento.

Eu nunca vou me esquecer do Dia dos Namorados, durante minha corte com Shannon. Como foi estranhamente maravilhoso! No dia reservado para os apaixonados, eu não sabia como devia me portar com ela. Ela era minha amiga, mas nós éramos mais que amigos naquele momento. Éramos mais que amigos, mas também não éramos apaixonados. Eu me senti de volta ao colégio, na agonia de tentar descobrir as palavras corretas para dizer!

Num cartão, que eu demorei horas para escrever, perguntei: "Como você protege o coração de uma garota enquanto tenta lhe dizer o quanto ela é especial? Você pode dar uma rosa como agradecimento pela sua amizade?".

Minha pergunta captura a saudável tensão existente na corte. Você pode dar uma rosa para ela como agradecimento pela sua amizade? Isto parece engraçado, mas creio que você pode. É uma parte do processo de deixar o romance florescer lentamente sob o olhar atento da prudência e do autocontrole. Vocês são mais que amigos, e então podem determinar se devem unir suas vidas através do casamento, mas também são menos que amantes – seus corações e corpos não pertencem um ao outro.

Aproveite este tempo. Não se apresse. Não despreze ou apresse o tempo da corte, apesar de muitas vezes você sentir a tensão. Ao invés disso, aprecie a tensão. Equilibrar as necessidades de se tornar íntimo com a de se proteger durante a corte é uma parte necessária e importante para a jornada ao casamento ser percorrida de forma sábia, santa e sincera.

Para ajudá-los em sua jornada, incluímos no final deste livro o que chamamos de "Conversas da corte: oito grandes encontros". É um prático, objetivo e divertido guia para casais que querem ter certeza de que estão conversando e vivendo as importantes questões que surgem (ou devem surgir) numa saudável experiência de corte.

Para a corte ser um sucesso e um prazer, precisamos crescer e nos proteger em três áreas: amizade, companheirismo e romance. Vamos analisar cada uma e ver o que significa ter um equilíbrio saudável nelas.

Amizade
A primeira e a mais importante coisa que você pode fazer na corte é aprofundar a amizade. Você não precisa se preocupar em buscar sentimentos românticos imediatamente ou descobrir se os dois são compatíveis para o casamento. Estas coisas se acertam sozinhas enquanto a amizade se desenvolve.

Aprofundar a amizade significa aprender, através das conversas, quem vocês são como indivíduos. É se divertir e investir em quantidade e qualidade de tempo juntos.

Quando estiverem começando, não se preocupem em tentar organizar encontros incrivelmente divertidos ou românticos. Relaxem e aproveitem a companhia um do outro. Procurem atividades que permitam que vocês passem tempo juntos e conversem bastante. Não se limitem a encontros somente. Busquem formas de compartilhar partes diferentes de suas vidas – a diversão, o dia-a-dia. Trabalhem juntos e se divirtam juntos; sirvam lado a lado.

MAIS DO QUE AMIGOS, MENOS QUE APAIXONADOS

A pergunta estratégica que vocês devemter em mente é: como posso permitir que o outro veja o "verdadeiro eu"? Convide o outro para participar de qualquer coisa que você ame, qualquer coisa que prenda a sua imaginação. Peça que também o convide para dentro de seu mundo.

"Eu me vejo como um estudioso sobre Nicole", diz Steve, que está numa corte com ela há três meses. "Eu quero entender melhor quem ela é, para eu poder ser um amigo melhor. Muitas coisas que aprendi aconteceram quando estávamos juntos e conversando, sem fazer nada além disso. Mas eu também descobri que devo ter um propósito em minhas perguntas. Durante o dia, se eu penso em algo que quero perguntar a ela, anoto, para que possa me lembrar de falar quando nos encontrarmos."

Proteger o coração do outro durante este tempo significa se assegurar que a amizade possui *ritmo*, *foco* e *espaço* corretos.

O *ritmo* deve ser sem pressa. Não tente se tornar o melhor amigo na primeira semana. Assim como qualquer outra amizade, ela precisa de tempo e investimento consistente para se desenvolver. Não apresse ou tente forçar a sua entrada na vida do outro.

O *foco* de sua amizade em seus estágios iniciais deve ser conhecer mais do outro, e não criar uma intimidade prematura e uma dependência emocional. No começo de sua corte, procure atividades cujo foco esteja além de vocês como casal. Em suas conversas e perguntas, evite falar sobre o relacionamento. Ao invés disso, busque aprender sobre o outro. Não tome uma intimidade maior do que a garantida. O foco irá mudar quando a confiança no relacionamento aumentar. Você ganhará acesso ao coração do outro ao longo do tempo.

A quantidade de *espaço* que sua amizade ocupa em sua vida irá crescer aos poucos. No começo, tenha cuidado para que ela não se sobreponha a seus relacionamentos com amigos e familiares.

Não se sinta ameaçado pelos relacionamentos externos da outra pessoa; lembre-se que a exclusividade prematura em sua corte pode fazer com que ambos dependam dela mais do que é sábio. Seja fiel às suas amizades e responsabilidades atuais. Enquanto a relação progride, você terá mais e mais espaço dentro da vida do outro, mas isso deve ocorrer devagar e ser feito com cautela.

Companheirismo
À medida que seu relacionamento se desenvolve, você quer ter certeza de que ele possui uma fundação espiritual. Para o seu relacionamento ser forte, o amor a Deus deve ser a paixão em comum de seus corações. A corte é o tempo para aprofundar sua capacidade de compartilhar esta paixão por Deus e aprender a encorajar o outro em sua fé.

Aprofundar uma comunhão bíblica envolve compartilhar com o outro cristão o mais importante aspecto da vida – a realidade de Jesus Cristo e sua obra em nós. Envolve orarem juntos e também conversarem sobre o que Deus está ensinando e mostrando.

Homem, é sua responsabilidade tomar a liderança na comunhão bíblica. Descubra como vocês poderão orar um pelo outro. Separe um tempo para conversar sobre o que Deus está lhe ensinando em sua caminhada individual com Ele.

Existem muitas outras formas de se aprofundar na comunhão. Vocês podem ler livros cristãos juntos, conversar sobre sermões após o culto e discutir como vão aplicar aquilo que estão aprendendo. Durante nossa corte, Shannon e eu lemos o livro de Atos juntos e enviamos e-mails um para o outro discutindo o que estávamos aprendendo.

Outra parte importante da comunhão é estimular um ao outro na justiça. Nate, um jovem da Grã-Bretanha, fez isso em sua corte com Claire, ao convidá-la para apontar qualquer área de perigo que observasse na vida dele. "Eu freqüentemente perguntava se ela havia visto qualquer atitude ou comportamento que eram ofensivos ou que desonrassem a ela, aos outros ou a Deus."

Proteger os frutos de uma verdadeira comunhão bíblica significa aumentar o nosso amor e paixão por Deus, e não nossa dependência emocional pelo outro. Nosso alvo é direcionar o outro a Ele. Todas as idéias compartilhadas para o crescimento na comunhão devem ser protegidas do abuso. Nós nunca devemos usar atividades espirituais como uma forma de obter mais intimidade do que é apropriada para nosso relacionamento.

Um casal que eu conheço acabou cometendo um pecado sexual como resultado de seus grandes períodos de "oração" em seu carro. Outros usam a fachada de "conversar sobre coisas espirituais" para compartilhar detalhes íntimos sobre si mesmos prematuramente. Apesar de existir espaço para se confessar com o outro e para pedir ajuda, nunca se deve compartilhar pecados de natureza sexual. Nossa fonte primária de suporte neste tipo de pecado deve ser pessoas do mesmo sexo.

Outra parte da proteção de nossos corações na comunhão envolve ter certeza de que não estamos tentando tomar o lugar de Deus na vida do outro. Se você está começando a olhar o outro como a sua fonte principal de conforto, encorajamento e coragem, algo está errado. Lembrem-se de buscar a satisfação de sua alma somente em Deus.

Romance
Nossa discussão sobre o romance foi deixada de propósito para o fim. O aprofundamento do romance deve acontecer somente quando a amizade e a comunhão já estão solidificadas.

GAROTO ENCONTRA GAROTA

A essência do romance puro é a busca – um homem mostrando através de suas palavras e ações apropriadas seu carinho, cuidado e amor sincero por uma mulher, e a mulher respondendo da mesma forma.

Apesar do romance não ser a primeira prioridade da corte, ainda assim é importante. Os sentimentos românticos e a pura, e não-física, expressão desses sentimentos é uma parte essencial deste tempo do relacionamento. Se Deus está confirmando a sabedoria e retidão do relacionamento, os sentimentos românticos devem ser vistos como algo bom e um presente de Deus. Nosso alvo durante a corte não é restringir nossos sentimentos de afeto e amor, mas submetê-los a Deus, para que Ele os aprofunde e os proteja.

Homem, é nosso privilégio ser aquele que inicia a expressão romântica em nossa corte. Através do relacionamento, é apropriado para nós comunicar uma genuína afeição (Rm 12.1). Mandar um e-mail durante o dia para que saiba que você está pensando nela. Enviar cartões e escrever notas de encorajamento. Oferecer flores e dizer o quanto ela é especial. O romance não precisa ser algo chique ou refinado. As expressões mais românticas de um homem para uma mulher são as pequenas coisas que fazem com que ela saiba que está na mente e no coração dele. E lembre-se: isso não deve ser aplicado somente na corte. Se você se casar, terá o privilégio de continuar cortejando a sua esposa pelo resto de sua vida!

Nossa regra para o que devemos e o que não devemos fazer durante a corte é a de que nós não queremos que a expressão romântica prometa mais compromisso do que estamos prontos para expressar em palavras. Ela deve crescer quando a nossa confiança em relação ao casamento cresce. O alvo é dizer a verdade sobre o relacionamento. Se a expressão romântica de um homem está muito além ou aquém de seu propósito, ela de nada adianta para a mulher.

MAIS DO QUE AMIGOS, MENOS QUE APAIXONADOS

Durante o primeiro mês de sua corte com Nicole, meu amigo Steve estava tão determinado a proteger o coração dela que se esqueceu de mostrar, através de suas ações, o quanto ele realmente gostava dela – e acredite em mim, ele *realmente* gostava! Steve tinha certeza que queria se casar com Nicole, mas ela interpretava a sua reserva como falta de interesse. Isso a fez ficar bastante reservada, o que dificultou se tornarem mais íntimos. Felizmente, os pais de Nicole estavam supervisionando o relacionamento. Eles viram o problema e interviram. Um fim de semana, enquanto Nicole estava visitando sua irmã fora da cidade, seu pai se encontrou com Steve e disse que ele precisava expressar mais os seus sentimentos. "Seria melhor para Nicole se você fosse um pouco mais romântico", ele disse.

Steve estava feliz demais para discordar. Ele se sentiu como um garoto que acabara de ouvir que precisava comer mais doces! No dia seguinte, quando foi buscar Nicole no aeroporto, estava com um grande sorriso e um enorme buquê de flores. Steve, desde então, tem aumentado a expressão de seu amor através de palavras e ações.

Senhoritas, é apropriado que respondam ao romance. O alvo de vocês deve ser responder à altura das demonstrações dele, e nunca ultrapassá-las. Nicole fez isso em seu relacionamento com Steve. Quando ele acelerou romanticamente; ela respondeu reciprocamente. Quando Steve viajou com alguns amigos, ela arrumou pequenas surpresas e bilhetinhos para cada dia da viagem. Primeiro, fez os biscoitos preferidos dele e pediu para uma aeromoça entregá-los no avião. Então, quando ele chegou à casa em que iria se hospedar, seu sorvete favorito estava esperando no congelador. (Você consegue perceber um padrão sendo criado? Mulheres gostam de flores; homens gostam de comida!) Steve e Nicole estão crescendo no romance no tempo certo em sua relação, e pelas razões corretas.

Rapazes, quando nós sabemos que queremos casar com uma garota, podemos buscar ativamente ganhar o seu coração. Quando honra a Deus, a sedução para o cortejo não é manipuladora nem devassa. É pura, sincera, e está apoiada por um desejo de um relacionamento duradouro.

O que significa proteger nossos corações em relação ao romance? Em meu relacionamento com Shannon, o princípio que me guiava era simples. O romance durante nossa corte precisava fluir do aprofundamento do compromisso. Eu me recusei a agitar o fogo do zelo romântico antes de saber que eu queria me casar com ela. Fazer isso prematuramente poderia gerar uma alegria à curto prazo, mas eventualmente iria feri-la profundamente. O despertar da paixão romântica sem o compromisso pode nos levar ao pecado e ao arrependimento (veja Cântico dos Cânticos 2.7).

Uma aplicação prática deste princípio é a hora certa de dizer "Eu te amo". Se você sente amor pela outra pessoa, deve verbalizá-lo? Novamente, precisamos ser guiados pelo o que é melhor para a outra pessoa. Em alguns casos, dizer "Eu te amo" prematuramente pode gerar um grande mal. A não ser que estas palavras sejam sinceras e uma expressão de um verdadeiro compromisso, não possuem sentido nenhum e podem gerar muita dor.

Não há uma regra rápida e rasteira aqui. Precisamos de sabedoria. Eu escolhi guardar as palavras *Eu te amo* para o momento em que pedi Shannon em casamento. Eu queria que ela soubesse que as palavras significavam algo – que estavam amarradas ao meu compromisso. Eu queria passar o resto da minha vida amando-a somente.

Eu compartilho isso não para afirmar que é sempre errado dizer "Eu te amo" antes do noivado. Alguns homens, que eu respeito, as disseram antes. Em seus relacionamentos em particular, ela serviu para que suas amadas soubessem a profundidade dos sentimentos deles, e o noivado aconteceu logo em seguida. Meu encorajamento é que vocês as usem com cuidado.

A excitação aumenta
Casais crescendo em amizade, comunhão e romance ainda precisam pensar sobre seus diferentes papéis como homem e mulher, se comunicar autenticamente e ter um plano para a pureza sexual. Nós vamos conversar sobre isso, e mais, nos próximos capítulos.

É ser idealista tentar ser mais do que amigos mas menos que amantes – serem cuidadosos e precavidos na corte? Sim, mas não significa que seja irreal. Alguém disse certa vez: "Ideais são como estrelas. Nós não seremos bem-sucedidos se tentarmos tocá-las com nossas mãos, mas, ao segui-las, como o navegante no meio do oceano, alcançaremos nosso destino".

Eu creio que, guiados pelos ideais de amar ao outro sinceramente e de considerar o casamento com sabedoria, podemos alcançar o destino de ser amigos e amantes por toda a vida dentro do casamento.

Capítulo Seis

O QUE FAZER COM SEUS LÁBIOS

Princípios práticos para uma grande comunicação

Somente alguns dias depois de eu ter comprado meu celular, as chamadas começaram a aparecer. Infelizmente, elas não eram para mim. Descobri que o meu novo número pertencia anteriormente à uma pizzaria. Agora, à toda hora do dia e da noite, as pessoas me ligavam com seus pedidos.

"Desculpe-me", eu dizia, "mas este número não é da pizzaria. Sim, você discou o número certo. Esse é o número do meu celular agora. Não, eu não tenho o novo número dela. Tchau".

A *maior parte* das pessoas entendia. Eu achava hilário aqueles que não aceitavam um não como resposta.

"Eu queria uma pizza de queijo tamanho família", uma mulher me disse.

"Desculpe-me, este não é o número da pizzaria. A senhora ligou para o meu celular."

"Quanto custa?", ela perguntou.

"Eu não tenho idéia, aqui não é..."

"Bem, qual é o prazo de entrega?", ela continuou.

"Eu não *posso entregar* a pizza."

"Você não faz entregas?!"
"Eu não *faço* pizzas!"

Além de simplesmente falar

Comunicação. Não é algo fácil, não é? Além das complicações criadas pelas nossas próprias tendências pecaminosas e as diferenças entre os homens e as mulheres, ainda temos que aturar números de telefone errados!

Até os melhores relacionamentos têm os seus momentos de "pizza de queijo". São momentos em que, ao invés de falar *com* o outro, eles falam *para* o outro; momentos em que somos tão facilmente ofendidos que gastamos nosso tempo discutindo sobre a ofensa ao invés do real problema; momentos em que estamos tão focalizados em nós mesmos que esquecemos que escutar não é a mesma coisa que ouvir.

Muitas pessoas assumem que, desde que sabem como falar, devem saber como se comunicar. Como seria bom que isso fosse tão fácil! Minha experiência com as ligações para a pizzaria provam que uma clara comunicação envolve mais do que falar. Eu estava falando com a mulher que queria pizza, mas nós não estávamos nos comunicando.

Por que não? Porque a comunicação é mais do que falar; é ouvir. E é mais do que ouvir; é compreender e reagir de acordo com o que ouvimos. Uma clara comunicação ocorre quando duas pessoas sabem não somente o que dizer, mas quando e como dizê-lo.

Muitos casais assumem que, já que conversam bastante e têm sentimentos românticos um pelo outro, estão se comunicando bem.

Isto não é necessariamente verdade. É possível trocar milhares de palavras com as pessoas e nunca descobrir o que elas crêem, o que valorizam ou o que sentem. É possível se apaixonar por aquilo que você *imagina* que a outra pessoa seja, sem nunca ver o que ela realmente é.

Se você está num relacionamento e considera a possibilidade de casamento, eu espero que leia este capítulo com muito cuidado. Talvez o título tenha feito você pensar que íamos discutir o momento correto e as técnicas para beijar o seu amor. Sinto muito – você não as encontrará aqui. A coisa mais importante que seus lábios podem fazer não é *beijar*; é *comunicar*.

Todos nós podemos melhorar

A comunicação autêntica é uma habilidade que requer tempo, esforço e determinação para ser aprendida. Ela também requer humildade. O primeiro passo para se obter uma boa comunicação é admitir que nós não somos bons nessa arte. Todos precisamos da humildade de dizer que somos novatos no assunto.

Os homens, especialmente, têm muito para aprender nessa área. Mas não vamos desculpar nossas fraquezas como sendo "algo de homem". Ao invés disso, vamos nos esforçar para crescer, para que possamos abençoar as mulheres de nossas vidas e experimentar a alegria de ricos relacionamentos.

E as mulheres não devem assumir que não precisam aprender nada. Minha mãe logo percebeu que, em seu casamento, apesar dela se comunicar bem com meu pai quando eles conversavam sobre idéias, princípios ou conceitos, ela tinha dificuldade quando tentavam conversar sobre as emoções dela.

Minha mãe tinha crescido no que ela descreve como uma "calma família japonesa", na qual seus pais e seus irmãos raramente, se muito, expressavam seus sentimentos. Seu local principal de comunicação era a escola, onde ela debatia questões na classe de aula com seus professores e colegas de classe. Como resultado, suas habilidades de comunicação se desenvolveram somente de um lado.

Como um halterofilista que exercita somente um grupo de músculos, sua habilidade de se comunicar era forte em uma área, mas subdesenvolvida em outra.

Minha mãe sabia que se ela queria que seu relacionamento com meu pai fosse saudável, tinha que ser honesta sobre a sua fraqueza. Melhorias exigem tempo. "Havia noites em que nós ficávamos acordados por horas, resolvendo alguma questão", ela me disse. "Se nós tivéssemos um conflito ou discussão, seu pai pacientemente me fazia expressar o que eu estava sentindo. A princípio, eu não conseguia articular as palavras. Mas ao longo do tempo aprendi a reconhecer e ser capaz de conversar sobre o que estava acontecendo em meu coração."

Deixe-me encorajá-lo a pedir a Deus que revele as áreas onde a sua comunicação pode melhorar. E se você começar a ver alguma área de fraqueza, não tente explicá-la; somente peça a Deus que lhe conceda a graça de mudá-la. Deus se opõe aos orgulhosos, mas promete conceder "graça aos humildes" (Tg 4.6). Enquanto se humilha, a graça de Deus começará a transformá-lo.

Cinco princípios para uma comunicação autêntica

Você se lembra das duas prioridades centrais de uma corte que glorifica a Deus sobre as quais conversamos no capítulo 5? Elas eram *tratar o outro com santidade e sinceridade* e *tomar uma sábia e bem informada decisão sobre o casamento*. Enquanto discutimos a comunicação durante a corte, devemos tomar essas duas prioridades como guia. Queremos ser capazes de dizer com a consciência limpa que nossas palavras foram sinceras. Queremos ver o caráter do outro claramente e compreender melhor as suas atitudes, valores, opiniões e convicções sobre a vida.

A corte é o tempo para se procurar locais falhos na comunicação de vocês e trabalhar para melhorá-los. Nosso padrão não deve ser a *perfeição*, mas o *crescimento* contínuo. Os cinco princípios a seguir podem ajudá-lo a melhorar a comunicação em sua corte.

Princípio 1: Os problemas de comunicação geralmente são problemas do coração
Em seu livro de enorme sucesso, Homens são de Marte, Mulheres são de Vênus, o autor John Gray usa uma excelente metáfora para explicar porque homens e mulheres têm tanta dificuldade para se comunicar. Ele diz que, há muito tempo, os marcianos e as venusianas se apaixonaram e mudaram para a terra. Mas quando chegaram, logo se esqueceram que vieram de planetas diferentes. "E desde aquele dia", Gray escreve, "homens e mulheres permaneceram em conflito". Mas se eu fosse escrever um livro sobre nosso problema de comunicação, o título seria *Homens são da Terra, Mulheres são da Terra, e Nosso Problema é o Pecado*.

É claro que homens e mulheres trazem diferentes necessidades e estilos na comunicação. Mas vez após vez, Deus nos fala que as palavras que dizemos e a forma que nos comunicamos está baseada em nossa pessoa interior. Jesus disse: "O homem bom tira coisas boas do bom tesouro que está em seu coração, e o homem mau tira coisas más do mal que está em seu coração, porque a sua boca fala do que está cheio o coração" (Lc 6.45). Tiago pergunta: "De onde vêm as guerras e contendas que há entre vocês? Não vêm das paixões que guerreiam dentro de vocês? Vocês cobiçam coisas, e não as têm; matam e invejam, mas não conseguem obter o que desejam" (Tg 4.1-2).

Jason e Gina estão juntos a cerca de um ano, mas a falta de uma comunicação real está começando a restringir o relacionamento. "Ela diz que eu não falo o suficiente", Jason diz. "Mas eu não consigo mudar quem eu sou. Eu não sou uma pessoa falante."

Rob disse a Leslie que seu sarcasmo constante o incomoda, mas ela não consegue evitar. Os comentários ácidos "aparecem do nada". Ela tentou dizer a Rob que, como cresceu num ambiente repleto de humor sarcástico, esta é uma parte de sua personalidade que não pode mudar.

Pessoas como Jason e Leslie não têm mais jeito? Sim, é claro que têm. Mas elas nunca serão capazes de mudar até que compreendam que a fonte de seus problemas não é sua formação ou personalidade; é o seu próprio coração pecaminoso.

Nossos lábios são simples mensageiros de nosso coração. Nossas palavras fluem o que está dentro de nós. Nós não podemos nos dissociar da forma que nos comunicamos (ou, como no caso de Jason, não nos comunicamos). Apesar de nossa formação e personalidade fazerem parte, não podemos culpá-las pelo que há de errado em nós. Se nossas palavras são egoístas, pecaminosas ou rudes, é porque nós somos egoístas, pecadores e rudes.

A boa notícia para os "seres terrestres" pecadores é que Deus enviou o seu filho para invadir nosso planeta cheio de pecado e nos salvar. E Cristo não veio somente nos salvar para irmos para o céu, Ele também veio para combater o governo do pecado em nossas vidas e relacionamentos aqui na terra. Nós podemos experimentar uma mudança real e duradoura em nossa comunicação se estivermos dispostos a buscar a ajuda de Deus.

Nós não podemos mudá-la através de métodos chiques. Não podemos mudá-la apenas com força de vontade. Mas o Espírito de Deus trabalhando em nós pode nos ajudar a querer e realizar "de acordo com a boa vontade dele" (Fp 2.13). Quando convidamos o Espírito Santo a mudar nossos corações, nossa fala será caracterizada pelo amor, alegria, paz, paciência, amabilidade, bondade, fidelidade, mansidão e domínio próprio (veja Gálatas 5.22).

Então, apesar de não ser fácil ou confortável para ele, Jason está aprendendo a ver a sua falta de comunicação com Gina como uma atitude do coração que precisa mudar. "Meu pastor me ajudou a ver que eu estava sendo egoísta e preguiçoso." Depois de ter buscado a raiz do problema em seu coração, o comportamento de Jason está começando a mudar.

O mesmo se mostrou verdade para Leslie. Ao invés de se focar em seu comportamento, e tentar podar os comentários sarcásticos antes que saíssem de sua boca, ela está pedindo a Deus que a ajude a mudar o coração de onde estes comentários provêm. "Deus me ajudou a ver que eu sou muito orgulhosa", ela diz. "Eu me considero melhor do que as outras pessoas. É por isso que eu critico e diminuo as outras pessoas. Posso ter aprendido a ser sarcástica quando estava crescendo, mas definitivamente criei o pecado por conta própria." Junto dos estudos sobre a humildade na Bíblia, enfrentar e se arrepender de seu orgulho ajudou Leslie a mudar a sua forma de comunicação.

Princípio 2: Seus ouvidos são as suas mais importantes ferramentas de comunicação
Por que é que quando pensamos em comunicação, geralmente nos imaginamos falando? A resposta é fácil. Nós pensamos que o que *nós* temos a dizer é muito importante – mais importante do que os outros têm para nos dizer. Mas geralmente, a melhor coisa que podemos fazer com nossos lábios é mantê-los fechados.

Recentemente, meu pai disse ao meu irmão de cinco anos, Isaac, que Deus deu às pessoas dois ouvidos e uma boca porque queria que nós ouvíssemos o dobro do que falamos. Os olhos de Isaac se esbugalharam. Para ele, esse pequeno ditado pareceu a maior verdade que ele jamais ouvira. Ele adora abordar estranhos e perguntar: "Você sabe por que temos dois ouvidos?".

Essa é uma boa pergunta para aqueles que querem melhorar a sua capacidade de se comunicar. Nós precisamos nos lembrar que nossos ouvidos são nossas ferramentas de comunicação mais importantes.

Você está pronto a ouvir? Ouvir é uma expressão de humildade e genuíno interesse pelos outros. "Eu posso lhe dizer", uma garota disse, "quantos jantares eu passei com homens que falaram o tempo inteiro e, na hora da sobremesa, eles ainda afirmam: 'Sinto que a conheço tão bem'". A comunicação autêntica envolve perguntar e ouvir. Se nós realmente queremos conhecer e compreender os outros, devemos nos importar com o que eles sentem e pensam, e não assumir, arrogantemente, que nós já sabemos.

Você ouve com atenção? Ou está somente esperando ansiosamente pela próxima vez em que pode começar a falar? Com qual freqüência você corta ou termina as frases das outras pessoas? Se você quer uma comunicação autêntica em sua corte, seja um ouvinte. Quando você fizer uma pergunta, absorva a resposta. Observe não somente as palavras utilizadas, mas também como elas foram faladas. Faça perguntas numa seqüência. Preocupe-se mais com as opiniões e idéias das outras pessoas do que com as suas.

A Bíblia nos diz que um tolo tem prazer em expor seus pensamentos (Pv 18.2). Não seja um tolo. Ouça o dobro do que você fala.

Princípio 3: A boa comunicação não ocorre por acidente
Na igreja de Don e Susan, uma regra muito popular entre os jovens casais era a dos "Vinte e quatro meses". Em outras palavras, os casais deviam namorar por pelo menos vinte e quatro meses antes de se tornarem noivos. A idéia era desencorajá-los a se apressarem para casar. O problema com o pequeno slogan é que, se duas pessoas não se esforçam para terem uma boa comunicação, nenhum período de tempo poderá garantir que realmente se conhecem.

Don e Susan se casaram depois de dois anos de namoro, somente para descobrir como se comunicaram pouco anteriormente. "O casamento foi um enorme alerta para nós", Don diz. "Nós não nos conhecíamos muito bem porque nossa comunicação havia sido muito superficial."

Susan concorda. "Nós desenvolvemos muitos maus hábitos antes do casamento", ela diz. "Nosso namoro foi basicamente focado em atividades divertidas. Nós quase nunca conversamos sobre o que sentíamos ou críamos. Nossa relação física nos fez sentir mais íntimos do que realmente éramos. Quando tínhamos um conflito, sempre tentávamos superá-lo o mais rápido possível, mesmo se isso significasse deixar coisas sem serem resolvidas."

Andar em seu próprio ritmo da corte é ser sábio. Mas não assuma que uma corte longa significa que vocês vão se comunicar bem. Você tem que fazer isso intencionalmente. A comunicação não acontece simplesmente. É algo que precisamos planejar e trabalhar.

Nós, homens, devemos assumir a responsabilidade de iniciar uma comunicação com significado em nossos relacionamentos. Não planeje somente atividades; planeje conversas. Antes de vocês se encontrarem, pense em algumas perguntas que gostaria de fazer a ela. O que você quer descobrir? Seja curioso!

Quando Shannon e eu começamos nossa corte, eu estava cheio de perguntas. Eu queria saber tudo o que podia. O que amava? O que odiava? O que a fazia rir? O que a fazia ficar triste? Que tipos de música cantava quando ninguém estava por perto? O que pedia num restaurante italiano? Gostava de sushi?

Para não sufocá-la de questionamentos, tive que manter um ritmo mais tranqüilo e ir fazendo as perguntas aos poucos. Eu sempre estava em busca de jeitos criativos para começar uma conversa. Uma vez, comprei um livro chamado *The Book of Myself: a Do-It*

– *Yourself Autobiography* (O livro de mim mesmo: faça você mesmo a sua autobiografia). Ele tem 201 perguntas para ajudar as pessoas a escreverem a história da vida delas. Usando uma canetinha preta, mudei o título para *O Livro de Shannon... Como contada para Joshua*. Eu levei o livro para algum de nossos encontros e a entrevistei: "Quais são as características de sua mãe que você mais admira?", "Qual foi a pessoa que mais a influenciou em sua infância?". Fazer Shannon responder essas perguntas me permitiram compreendê-la melhor.

Quando você planejar seus encontros, certifique-se de estar reservando grandes períodos de tempo para conversar. Lembre-se de que você pode ser intencional e *casual*. Você não quer que a outra pessoa se sinta interrogada ou pressionada pelas perguntas. Não exija demais. Não limite a comunicação à uma simples mudança para o "modo conversa". A comunicação não deve ser formal ou forçada – deve ser uma parte natural de seu relacionamento e que surge em todo o tempo que vocês passam juntos.

Princípio 4: A ausência de conflito não é igual a uma boa comunicação
"Eu e meu namorado temos um relacionamento perfeito", eu ouvi uma garota contar a sua amiga. "Nós nunca tivemos uma briga."

Eu me espantei com o engano cometido pela garota com o conceito de uma boa relação. Uma viúva que eu conheci compreendeu que a falta de conflito em seu casamento de quarenta anos não tinha sido necessariamente um bom sinal. "Eu costumava me gabar com minhas amigas sobre como eu e meu marido nos dávamos bem", ela disse. "Mas agora eu vejo que parte da razão do porque nos dávamos tão bem era que nunca brigamos – e nós nunca brigamos porque nunca tínhamos realmente conversado."

Nosso alvo não deve ser evitar o conflito, mas aprender a enfrentá-lo e resolvê-lo de uma forma que honre a Deus. Em seu

O QUE FAZER COM SEUS LÁBIOS

Livro *Love That Lasts* (Amor que dura), Gary e Betsy Ricucci compartilham dez dicas de comunicação que podem ajudá-lo quando estiver vivenciando um conflito em seu relacionamento:

1. Aprenda a expressar seus sentimentos e frustrações honestamente, mas sem acusar ou atacar a outra pessoa (Pv 11.9).
2. Escolha palavras, expressões e um tom de voz que sejam gentis. Não use um discurso que possa facilmente ofender ou disparar uma discussão (Pv 15.1).
3. Não exagere, distorça ou aumente a verdade. Evite palavras extremas como nunca e sempre (Ef 4.25).
4. Dê exemplos reais e específicos. Se necessário, crie notas antes de se comunicar. Fique longe das generalidades.
5. Comprometa-se a buscar soluções ao invés de aumentar a discórdia. Vingar-se não é o alvo – você quer resolver as coisas (Rm 12.17-21).
6. Ouça o que a outra pessoa está dizendo, sentindo e precisando. Tente detectar suas preocupações ocultas (Tg 1.19).
7. Recuse-se a alimentar amargura, ira, raiva ou discussão. Apesar de estas emoções serem normais, alimentá-las é pecado (Ef 4.26).
8. Não hesite em reconhecer o próprio fracasso, e esteja pronto a perdoar a outra pessoa. Certifique-se de não guardar ressentimentos (Lc 17.3-4).
9. Continue conversando e fazendo perguntas até que tenha certeza de que ambos entenderam claramente o que o outro está dizendo e sentindo. Encorajem-se enquanto buscam uma solução (Rm 14.19).
10. Treine sua boca e coração até que você possa dizer a coisa certa no momento certo, da forma certa e pelos motivos corretos!

Lembre-se, os conflitos não são necessariamente uma coisa ruim. E não se surpreenda se vocês os enfrentarem. É um sinal de que vocês realmente estão se conhecendo. Não fujam deles; ao invés disso, peçam a ajuda de Deus para humilde e amavelmente resolvê-los.

Princípio 5: O motivo é mais importante do que a técnica
Finalmente, lembre-se de que é muito importante ter um motivo santo para a nossa comunicação. Antes de nos preocuparmos com o método ou a técnica, precisamos ter certeza que o motivo do nosso coração é agradável a Deus. Ele quer que nosso motivo seja sinceramente amar e servir os outros – encorajar, fortalecer e beneficiar. "Nenhuma palavra torpe saída da boca de vocês", Paulo escreveu, "mas apenas a que for útil para edificar os outros, conforme a necessidade, para que conceda graça aos que a ouvem" (Ef 4.29).

Muitos livros prometem ajudá-lo a aprender a se comunicar de forma que consiga obter qualquer coisa que quiser. Esta abordagem transforma as palavras em armas para conquistar nossos desejos egoístas, e a Bíblia nos diz que este tipo de comunicação é inútil.

Paulo também escreve: "Ainda que eu fale as línguas dos homens e dos anjos, se não tiver amor, serei como o sino que ressoa ou como o prato que retine" (1Co 13.1). Eloqüência celestial não faz sentido algum se não possuir amor por Deus ou pelo homem.

Um motivo santo muda radicalmente *como* e *o que* nós comunicamos na corte. Ao invés de usar as palavras para nos gratificar, as usamos para glorificar a Deus e colocar os interesses dos outros em primeiro lugar.

Você ainda precisará se guardar
No capítulo 5 nós vimos como a corte é um período para sermos "mais que amigos, mas menos que amantes" – um tempo no qual

precisamos tornar mais íntimo o nosso relacionamento, e ainda assim proteger o coração do outro, pois não sabemos se iremos nos casar.

Você irá protegê-lo quando se certifica que não prometeu ou deixou implícito um nível mais profundo de comprometimento ou confiança no relacionamento do que você realmente possui. Em sua corte com Brittany, Kyle percebeu que, até que estivesse pronto para fazer o pedido de casamento, ele precisava evitar conversar sobre "o futuro" como se eles estivessem juntos lá. "Não seria justo para Brittany se eu dissesse: 'Não seria ótimo se nós tivéssemos uma casa como a que vimos aquele dia?' ou 'Algum dia nós faremos tal coisa'. Isto tornaria difícil para ela permanecer focalizada onde estamos em nosso relacionamento agora."

Uma comunicação clara não é igual a uma intimidade prematura ou inapropriada. Durante sua corte com Ginger, meu amigo Chuck consistentemente realizava o que ele chamava de "exames do coração". Eram conversas nas quais eles falavam sobre as suas expectativas, preocupações e seu nível de fé no relacionamento.

Como foi ele que a procurou, sabia que era responsável por ser aberto sobre seus sentimentos para que Ginger pudesse ter algo palpável para retribuir de acordo. Isto a ajudou a proteger seu coração e a evitar se envolver emocionalmente além do que Chuck estava envolvido.

Nós temos que ser muito cuidadosos com as palavras que falamos e a *forma* como as dizemos, para não comunicarmos mais do que realmente queremos. Alguém disse: "Não escreva um cheque com sua boca de um valor que seu corpo não possa pagar". Em outras palavras: "Não prometa mais do que você pode cumprir com suas ações".

O relacionamento de Donna e Bill terminou, mas ela é grata pela forma como ele cuidou dela ao pesar corretamente as suas palavras. "Se ele sentia que uma conversa estava se dirigindo para um assunto que não iria ajudar em nada, ou que era prematuro, sempre a redirecionava para outra coisa", Donna diz. "Uma ou duas vezes, ele me procurou depois de termos conversado para se desculpar por algo que havia dito e que não considerava benéfico para mim. Eu achei engraçado na hora, mas agora eu entendo que ele me ajudou a me proteger contra alimentar esperanças prematuras de que nós nos casaríamos."

Na medida em que seu relacionamento se aprofunda e sua confiança no casamento aumenta, você começará a discutir tópicos relevantes para o casamento (iremos estudar algumas destas perguntas nos capítulos 10 e 11). Mas não se apresse. Você ainda precisa se proteger.

Seja corajoso

A Bíblia diz: "A resposta sincera é como beijo nos lábios" (Pv 24.26). Eu creio que isso nos dá uma idéia do como pode ser boa uma comunicação autêntica. Exige muito trabalho, mas vale o esforço.

Na medida em que lia este capítulo, talvez você tenha percebido que tem medo de uma comunicação honesta e autêntica. Não há problema em admitir isso. É sempre um risco deixar outra pessoa ver quem você realmente é. E se o outro não gostar do que for revelado? E se ele terminar o relacionamento por causa disso?

Deixe-me encorajá-lo a depositar sua confiança no que Deus está fazendo. Ele está trabalhando em seu relacionamento. Você não precisa ser tomado pelo medo da opinião de outra pessoa sobre você.

É possível que a comunicação honesta faça com que um de vocês, ou ambos, veja que o relacionamento não deve evoluir para o casamento. Este pensamento pode doer, mas penso na alternativa. Você quer que a pessoa com a qual está na corte se apaixone por algo que não é verdade? É realmente honrar a Deus, ou amar a outra pessoa, fingir ou esconder suas verdadeiras opiniões e sentimentos? Imagine a possibilidade melhor de confiar em Deus e se comunicar bem, para que a pessoa que está na corte com você se apaixone pelo seu verdadeiro eu.

Você não pode amar o que não conhece. Não pode ser verdadeiramente amado se não for verdadeiramente conhecido. E a única forma de conhecer e ser conhecido por outra pessoa é se comunicar – abertamente, honestamente, sinceramente e humildemente. Então, sejamos corajosos. Nós sabemos o que fazer com nossos ouvidos, nossos corações e nossos lábios.

Capítulo Sete

SE OS GAROTOS FOREM HOMENS, AS GAROTAS SERÃO MULHERES?

*Como abraçar o seu papel criado por
Deus como homem ou mulher*

Recentemente encontrei um livro intitulado *The Passive Man's Guide to Seduction* (O guia do homem passivo para a sedução). Eu não o recomendo. A premissa básica do livro é a de que as mulheres de hoje querem ser agressivas nos relacionamentos – querem tomar as rédeas e todas as decisões. Na verdade, desejam ser "o homem" da relação. Portanto, a forma mais eficiente para um homem seduzir uma mulher é recuar, ser passivo e deixá-la atacar.

Mas que romântico...

Essa visão distorcida da masculinidade é somente um exemplo da confusão atual sobre os papéis de cada sexo no romance e corte. E este não é somente um problema secular. Os cristãos também estão confundindo as coisas.

Meu amigo Mike se chocou quando uma garota cristã que ele conhecia se declarou para ele. "Você sabe que eu vou me casar com você", ela lhe disse um dia. "Você quer se casar? Olha, eu até compro o anel para tornar tudo mais fácil."

Mike balançava sua cabeça, incrédulo, enquanto recontava a história. "Ela estava falando sério!", disse. "As mulheres não fazem isso.... fazem?"

A verdade é que não estamos muito certos de como devemos nos comportar. Os homens não sabem o que significa ser um homem, então nos acomodamos com o que é mais fácil. As mulheres não sabem o que é ser uma mulher, então acabam agindo como homens. Relacionar-se com o sexo oposto pode ser confuso quando você não sabe a que deve se opor.

Uma pergunta genuína

Até agora, temos conversado sobre como um homem e uma mulher podem honrar a Deus enquanto caminham em direção ao casamento. Mas antes de prosseguirmos em nossa discussão sobre a corte, precisamos analisar mais profundamente a pergunta do que significa *ser* um homem ou uma mulher. O que Deus tinha em mente quando fez os dois sexos? Qual é o seu plano? E como o seu propósito para os homens e as mulheres revela como devemos nos relacionar na corte?

O título deste capítulo é uma questão genuína: se os garotos forem homens, as garotas serão mulheres? Em outras palavras, estamos dispostos a pisar na balança de Deus e a nos pesar pela sua definição de masculinidade e feminilidade? Poucas coisas são mais importantes numa corte. Antes de podermos glorificar a Deus em nossos relacionamentos, devemos compreender e abraçar os papéis que Deus separou para nós, como homens e mulheres.

Elenco em rebelião

Para muitas pessoas, a idéia de um Criador definindo papéis é ofensiva. Elas não querem que qualquer pessoa, religião ou Deus digam como expressar a sua condição de homens e mulheres. Elas rejeitam a idéia dos papéis dados por Deus e fazem o que podem para confundir as distinções entre os sexos.

O estado da sexualidade humana nos dias de hoje é como uma peça na qual o elenco está rebelado contra o escritor e sua história. Imagine o caos. Os atores o odeiam. Rejeitam seus papéis e zombam do roteiro. Para demonstrar sua insatisfação, alguns até mesmo se recusam a ler suas falas. Outros mudam seus papéis e figurinos para confundir a trama. Ainda outros lêem seu texto fora de hora, confundem suas falas e as recheiam com obscenidades.

Esta é uma ilustração da má e perversa geração dentro da qual os cristãos são chamados para brilhar como estrelas (Fp 2.15). É a geração dos "transexuais", em que os homens agem como mulheres e as mulheres agem como homens. E é no meio deste caos que Deus quer que seus filhos sejam fiéis aos papéis que Ele criou para nós, apesar da maior parte da humanidade os ter abandonado.

Assim como uma peça tem um autor, a história da humanidade é escrita por Deus. A Bíblia ensina que nosso papel como homens e mulheres é parte da bela história que Deus está contando.

Já que Deus nos fez à sua imagem, refletimos algo de quem Ele é (Gn 1.27). Portanto, fidelidade à definição de Deus da masculinidade e feminilidade é fidelidade a Ele. Cada cena da qual fazemos parte – praticando a masculinidade e feminilidade bíblica enquanto solteiros, na amizade com o sexo oposto, na corte, no casamento – é uma chance de trazer honra ao Escritor. Na verdade, a Bíblia nos diz que a união entre homem e mulher no casamento aponta para a grande cena final – quando Cristo retorna para a sua Igreja, a noiva pela qual Ele morreu para salvar (Ef 5.31-32).

É por isso que nossos papéis como homens e mulheres são importantes. É por isso que devemos abraçar nossas diferenças, dadas por Deus, e não querer acabar com elas. Deus nos fez homem e mulher para contar uma história que é maravilhosa demais para compreendermos completamente. Ele fez os sexos diferentes para refletir uma realidade que existiu antes de nós.

Seguir o roteiro de Deus para a nossa sexualidade em cada cena de nossa vida significa que nós estamos seguindo a verdade e fielmente contando a história *dele*. E, quando fazemos isso, experimentamos a completude de vida que Deus deseja para nós como homens e mulheres. Seu plano nos leva para a alegria e completude.

Papéis definidos no Éden

O que Deus diz que significa ser um homem ou uma mulher? A primeira parada para o cristão encontrar a resposta deve ser no relato em Gênesis quando Deus criou o primeiro homem e mulher. Este é o primeiro ato da história de Deus.

Jesus nos mostrou que o relato de Gênesis deve ser a fundação da construção da nossa perspectiva sobre a verdadeira masculinidade e feminilidade. Quando Ele foi questionado sobre o casamento, apontou de volta para o desígnio de Deus: "Vocês não leram que, no princípio, o Criador 'os fez homem e mulher?'" (Mt 19.4). Paulo fez o mesmo. Quando escreveu à igreja de Éfeso sobre como os maridos e as mulheres deviam se relacionar, apontou seus leitores para a intenção original de Deus, que Ele revelou antes do pecado entrar no mundo (Ef 5.31).

Nos dois primeiros capítulos da Bíblia nós aprendemos que Adão e Eva foram criados em igualdade perante Deus. Em nossa cultura chauvinista, em que as mulheres geralmente sofrem preconceitos e abusos, este fato precisa ser claramente afirmado. Deus fez a mulher em igualdade ao homem em personalidade, dignidade e valor. Elas não são menos importantes ou valiosas para Deus.

Dentro do contexto de sua igualdade, Deus deu aos homens e mulheres papéis diferentes. Ele fez Adão primeiro, significando seu papel como líder e iniciador. Ele criou Eva de Adão, e a trouxe para ser sua ajudadora nas tarefas que Deus havia designado para ele. Ela foi feita para complementar, nutrir e ajudar seu marido. O maior presente de Deus para o homem foi alguém que o auxiliasse e lhe correspondesse (Gn 2.18). Isto não diminui o papel da mulher, e sim o define.

O homem e a mulher foram criados iguais, mas ainda assim diferentes. E o fato de serem diferentes é maravilhoso. Como seria chato um mundo em que o sexo oposto não fosse tão misterioso, tão intrigante, e tão diferente de nós!

Deus não nos fez para copiar, mas sim completar, um ao outro. O ponto que quero mostrar aqui é que Adão não era melhor do que Eva, assim como Deus Pai não é "melhor" que Deus Filho. Pai e Filho são iguais em essência, poder, glória e valor, mas possuem papéis diferentes; e o Filho alegremente se submete à vontade do Pai (1Co 15.28). No casamento, marido e esposa são iguais, mesmo quando a Escritura diz para a esposa se submeter à liderança do marido.

Em seu comentário de Gênesis, Matthew Henry explicou isso belamente: "Eva não foi criada a partir da cabeça de Adão, para liderá-lo, nem de seus pés, para ser pisada por ele, mas sob seu braço, para ser protegida por ele, e de perto de seu coração, para ser amada".

Em Efésios 5.21-33, Paulo diz que a liderança do marido não deve ser tirânica ou cruel, mas gentil e amorosa. Aos homens é dito para amarem sacrificialmente e altruistamente suas esposas, da mesma forma que Jesus ama a Igreja. As esposas são instruídas a seguir seus maridos assim como a Igreja obedece a Cristo. Isto não significa uma submissão cega e triste, mas uma participação e resposta ativas à uma liderança amorosa.

Irmão e irmã antes de marido e esposa

Adivinhe só: você não tem que esperar até o casamento para participar da bela harmonia do plano de Deus para ambos os sexos. O casamento não o torna um homem ou uma mulher – você já o é. E Deus quer que você pratique a masculinidade ou feminilidade agora.

Em 1 Timóteo 5.2, Paulo diz para o solteiro Timóteo tratar as jovens "como a irmãs, com toda a pureza". Observe que ele não diz a Timóteo para tratar as jovens como "um dos rapazes". A masculinidade de Timóteo deve ser expressa de uma forma única em relação às mulheres: ele deve vê-las como suas irmãs.

O que isso nos ensina é que os papéis de nossos sexos são importantes durante toda a nossa vida. Antes de sermos marido e esposa, somos irmãos e irmãs em Cristo que praticam juntos a definição de Deus de masculinidade e feminilidade. Homens, nós podemos praticar a liderança amável e gentil *agora*. Mulheres, vocês podem praticar o apoio ao justo homem de suas vidas *hoje*. Lado a lado podemos nos tornar os homens e mulheres santos que Deus quer que sejamos.

Sejamos homens

Primeiro, quero falar aos homens. Homens, nós temos nossa função traçada, e devemos executá-la seriamente. De que adianta procurar um relacionamento com uma mulher se ainda não sabemos o que significa ser um homem? Nós devemos isso às mulheres de nossas vidas, nossas futuras esposas, e a Deus.

Elisabeth Elliot, uma mulher que eu respeito profundamente, escreveu para seu sobrinho Pete:

> "O mundo anseia por homens que sejam fortes – em sua convicção, para liderar, para permanecer firmes, para sofrer. Eu oro para que você se torne esse tipo de homem – feliz de que Deus o tenha criado como um homem, feliz de suportar o fardo da masculinidade numa época em que carregá-lo geralmente cria contendas."

Eu quero ser este tipo de homem. Tenho ainda um grande caminho a percorrer. Eu falho muito mais do que sou bem-sucedido nesta empreitada. Deixo que meu pecado, meu medo e minha preguiça me vençam. Mas quero mudar. Eu sei que Deus me fez um homem por uma razão. Não importa o que a cultura diz, ou mesmo o que algumas mulheres dizem, eu quero "carregar o fardo da masculinidade".

Não é o caminho mais fácil. Anteriormente, eu lhe contei sobre um livro que encoraja os homens a serem passivos em seus relacionamentos. De acordo com o autor, a única alternativa à passividade é ser agressivo e dominador. Infelizmente, estes são dois caminhos que muitos homens seguem. Mas Deus quer que rejeitemos ambos. A masculinidade bíblica não é nem passiva nem rudemente agressiva. Deus nos chama para sermos servos – firmes, mas gentis, masculinos, mas cuidadosos, líderes, mas servos. Nós somos chamados para ser protetores, não sedutores.

Aqui estão quatro formas práticas de fazer isso em seus relacionamentos com as mulheres.

1. Assuma a sua responsabilidade de liderar e iniciar os seus relacionamentos com as mulheres

Liderar é uma forma de servir. Quando você provê direção, sugere idéias e inicia conversas ou atividades, está servindo suas irmãs.

Isto não significa que você deve tratar as mulheres como se fosse seu marido e aquele que as irá dirigir em decisões importantes de suas vidas. Mesmo na corte, esta não é a sua função. Até que você seja o marido de uma mulher, ela não está sob a obrigação de se submeter à sua liderança. Se ela possui um pai cristão, a proteção e conselho devem vir dele. Mas, sem ultrapassar os seus limites, você pode servir uma mulher (e ganhar a confiança dela) liderando-a em pequenas coisas.

Por exemplo, você pode servir suas irmãs sendo aquele que planeja o tempo que vão passar juntos. Isso é aplicável tanto na corte quanto na amizade com mulheres. Meus amigos Jacob e Ryan freqüentemente planejam reuniões em seu apartamento. Eles fazem todo o trabalho de organizar as atividades e convidar os outros rapazes e moças para participar.

Uma mulher me disse como se incomoda quando seus amigos homens ficam esperando que as mulheres planejem tudo. "Eu não gosto quando um homem fica ali parado perguntando 'O que você quer fazer?'", ela disse. "Eu quero que eles tomem uma decisão!"

O mesmo princípio se aplica na corte. Você é quem começa as conversas? Planeja seus encontros cuidadosamente? Está pensando no futuro e direcionando a corte? É sua função se assegurar que ela está crescendo continuamente num ritmo saudável. É sua responsabilidade se assegurar que ambos estão protegendo seus corações.

Como você pode ver, a liderança servil requer trabalho. Significa sacrifício. Significa se antecipar e propor idéias, definir direções e convidar os outros a segui-lo. Significa ouvir, levar em conta os interesses e necessidades dos outros, e ajustes, se necessário. Algumas vezes, significa se submeter aos outros. Liderança não é tirania; é prestar serviço. É difícil, mas é uma parte importante do que significa ser homem.

2. Seja um líder espiritual em seus relacionamentos com as mulheres
Homens, devemos estabelecer o ritmo espiritual em nossos relacionamentos com as mulheres.

Devemos ser aqueles que garantem que nossos relacionamentos não são simplesmente superficiais e voltados para a diversão, mas profundos, focados em Deus e caracterizados pela comunhão bíblica.

O primeiro passo importante é priorizar o seu próprio crescimento em santidade. Não esteja satisfeito em ser morno espiritualmente – lute para ser um exemplo de paixão por Deus.

Meu amigo Joseph é um ótimo exemplo nessa área. Quando ele está com um grupo de amigos, em algum ponto da conversa ele faz uma pergunta do tipo: "O que vocês acharam do sermão de domingo passado?", "Posso compartilhar algo que Deus está me mostrando?" ou "Qual é a área que Deus está ajudando-o a crescer?".

Você sabe o que Joseph está fazendo? Ele está começando uma comunhão bíblica. Está fazendo perguntas que o ajudarão, e seus amigos, a compartilhar a nova vida que possuem por causa de Jesus. Ele os está liderando numa conversa sobre a realidade de Deus em suas vidas.

Joseph não está querendo aparecer, ser "o espiritual". Seu alvo é servir seus amigos e enriquecer sua própria vida. Ele sabe como é fácil passar uma noite inteira sem ter uma conversa séria, focada em Deus. Sabe que na comunhão, ele e seus amigos realmente estão se aproximando mais.

Homens, no casamento nós somos desafiados a ser os líderes espirituais de nossos lares. Antes do casamento, vamos praticar a liderança na comunhão bíblica com os amigos e durante a corte. Então estaremos muito mais preparados para fazer o mesmo com nossas esposas e filhos.

3. *Faça pequenas coisas em seu relacionamento com as mulheres que mostrem seu cuidado, respeito e desejo de proteger*

Isto não deve ser complicado. Simplesmente seja um cavalheiro para as mulheres de sua vida. Seu alvo é mostrar, através das ações, que o status delas, como mulheres, é nobre.

Deixe-as perceber o seu cuidado e respeito do maior número de formas possível. Você pode fazer isso através de pequenas ações: abrir a porta do carro para elas, ajustar a cadeira na mesa do jantar, acompanhá-las até o carro no fim de uma noite. Se você precisa de mais dicas, peça a algumas mulheres cristãs. Você irá se espantar em como estarão dispostas a ajudá-lo!

Em sua corte, lembre-se de que você não está fazendo estas coisas simplesmente para impressionar ou ganhar o coração de uma mulher. Você as põe em prática para a glória de Deus. Você as faz para servir uma irmã em Cristo e honrá-la como mulher.

(Uma pequena nota para as mulheres: se você é amiga de um homem, e ele está tentando tratá-la como uma dama, não assuma que ele tem um interesse romântico em você. Uma das formas mais rápidas de atrapalhar as tentativas de praticar a liderança servil é interpretar as ações dele como investidas românticas. Como minha amiga Jen diz: "As garotas devem assumir que até que o rapaz expresse interesse, eles são apenas amigos".)

4. *Encoraje as mulheres a abraçar a santa feminilidade*

Procure formas de encorajar suas irmãs na santa feminilidade. Quando elas abrem espaço para que você pratique a liderança, agradeça. Quando são humildes e gentis, encoraje. Feminilidade não é fraqueza. Requer uma grande força de caráter para uma mulher ser gentil num mundo que a todo tempo a bombardeia para que aja de outra forma.

Quando você vê uma mulher indo contra o estabelecido pela cultura, ao cultivar uma habilidade que irá servir sua família algum dia, cumprimente. Quando uma garota está buscando uma carreira difícil, mas ainda assim tenta se manter feminina, deixe-a saber que você percebeu isso. Faça com que ela saiba que você a respeita.

Nós homens devemos ser os maiores encorajadores e guerreiros de oração em favor das mulheres que estão buscando glorificar a Deus ao praticar a santa feminilidade.

Um desafio para as garotas: sejam santas mulheres

Damas, espero que vocês ainda estejam lendo. Eu sei que algumas partes deste capítulo devem ter feito vocês ficarem com raiva. "As mulheres devem se submeter à santa liderança dos homens? Fala sério!"

Acho que consigo entender como vocês se sentem. Tenho certeza que podem listar várias vezes em que estas verdades bíblicas foram mal aplicadas e distorcidas por homens dominadores e chauvinistas. Sinto muito por isso ter acontecido. Por favor, saiba que existem homens hoje que querem passar suas vidas provando que esta não é a forma correta de demonstrar a verdadeira masculinidade bíblica.

Não desista da gente. Precisamos do apoio de vocês, de suas orações. Precisamos que fixem seus olhos em Deus – não nos homens que interpretaram o plano dele erroneamente – e obedeçam aos mandamentos que criou.

Aqui estão quatro formas de vocês poderem ser irmãs para os homens e praticar uma feminilidade madura.

1. Em seus relacionamentos com homens santos, encoraje e abra espaço para que eles possam praticar a liderança servil
Se a maior tentação para o homem é ser passivo, para a mulher é tomar o controle. O homem não tem um caminho definido, então a mulher assume o volante. Isso pode consertar as coisas à curto prazo, mas ao longo do tempo, somente desencoraja o homem a desempenhar o papel que Deus lhe deu como aquele que toma as iniciativas.

Você pode encorajar o homem a ser homem quando recusa liderar por ele. O que você deve evitar é desenvolver o *hábito* da tomada de atitude em seus relacionamentos com os homens.

Isso não significa que você nunca irá tomar a iniciativa, mas que este não será o padrão normal de sua vida. Isso também não significa que, enquanto for solteira, você deva se submeter a todos os homens que conheça. Deus pede as mulheres para se submeterem somente aos seus maridos. Mas uma mulher solteira pode, com homens cujo caráter seja santo, encorajar a liderança servil e responder às iniciativas deles.

Se você está numa corte, abra espaço para ele liderar. Afaste-se e deixe que ele tome conta. De que outra forma ele irá aprender a liderar? Ou como você pode praticar para quando for seguir um marido?

Sylvia, que está com trinta e poucos anos, me deu um exemplo de como uma mulher pode deixar o homem liderar. "Nós mulheres preenchemos muito rápido o silêncio numa conversa", ela disse. "Nós pensamos assim: 'Ele não está falando! Preciso fazer alguma coisa'." Mas eu acho que é importante que existam estes incômodos momentos de silêncio para que os homens avancem e tomem o controle da conversa.

Quer mais exemplos? Não planeje o seu tempo juntos. Não seja aquela que "define" o relacionamento – "Como estamos?". Na medida do possível, deixe que ele faça isso.

E, finalmente, seja paciente. A maior parte de nós é inexperiente no assunto. Nós geralmente não somos tão capacitados como vocês para expressar nossos sentimentos. Para muitos de nós, a corte é a primeira vez em que esperam que nós lideremos, comuniquemos e interajamos num nível emocional com uma mulher. Dêem-nos algum tempo. Sou muito grato porque em meu relacionamento com Shannon, ela me deu tempo para evoluir minhas habilidades de liderança. Eu cometi muitos erros naquela época (e ainda cometo!). Eu era muito indeciso. Mas ela não tentou menosprezar meu papel ou assumir o controle. Ao invés disso, procurou formas de me encorajar.

Com a ajuda de Deus, você pode fazer o mesmo. Quando um homem lidera, deixe-o saber que você gosta de ser liderada. Quando ele toma a iniciativa na conversa, atividades, na comunhão – em qualquer área – incentive-o.

2. *Seja uma irmã para os homens de sua vida*

Qual é a classificação para os homens de sua vida – namorado em potencial, marido em potencial ou nada em potencial? Eu a encorajo a esquecer essas categorias. Você deve ver um rapaz cristão, antes de mais nada, como um irmão.

Seja uma irmã para os homens de sua vida. Ore por eles. Seja você mesma. Não se apresse. Seja uma amiga.

E lembre-se, encorajar os homens a conduzir e iniciar não significa que as garotas nunca devem começar uma conversa ou ter idéias para atividades. Minha colega de trabalho Dawn e suas três colegas de quarto têm a prática de convidar um grupo de rapazes para jantar a cada duas semanas. Elas usam estes períodos para alcançar novas pessoas para seu ministério de jovens solteiros e para desenvolver amizades. Dawn e suas colegas de quarto estão sendo irmãs para seus irmãos no Senhor.

3. *Cultive a atitude de que a maternidade é um chamado nobre e realizador*
Hoje em dia, muitas pessoas desprezam a maternidade e as habilidades associadas à direção de um lar. Em nossa cultura, crianças são vistas como aborrecimento, e a maternidade um desperdício do talento das mulheres. Uma psicóloga de uma faculdade uma vez me disse que a maior parte das estudantes com quem ela trabalhou, secretamente desejava se casar e ter filhos, mas tinha vergonha de admitir. Que tragédia!

Por favor, não acredite nas mentiras que nossa cultura conta sobre a maternidade. Se Deus colocou este desejo em seu coração, não se envergonhe dele. A Bíblia encoraja jovens a aprender as habilidades do lar com as mulheres mais velhas. Aprender a cuidar da casa e amar um marido e filhos é parte do plano de Deus para o treinamento completo das jovens (veja Tito 2.3). Não hesite em aprender as habilidades práticas que um dia permitirão que você cuide de uma família. Procure mães em sua igreja local com as quais você possa aprender alguma coisa.

Você pode ter a feminilidade bíblica sem se casar ou ter filhos. Como solteira, pode expressar sua feminilidade ao praticar a hospitalidade, cuidar e ajudar a educar as pessoas que fazem parte da sua vida. Mas você também pode honrar o plano de Deus para a feminilidade ao concordar que a maternidade é um alto e nobre chamado.

4. *Cultive a santidade e a beleza interior em sua vida*
Uma garota me mandou uma carta para dizer como Deus havia usado Provérbios 7.5 para condená-la por ser como a mulher leviana, que desviava os homens. "Eu não quero ser uma sedutora igual a eles", a garota escreveu. "Eu não quero usar roupas provo-

cantes que evitem que os rapazes me vejam como uma irmã em Cristo."

Se você quer que homens santos a respeitem e a considerem uma mulher, recuse-se a comprar a obsessão de nossa cultura, de ser fisicamente bonita e atraente sexualmente. Esta é uma atitude que brota de seu coração e se estende à forma como você se veste e se comporta na companhia masculina.

O seu guarda-roupa é uma expressão de seu amor a Deus? Shannon freqüentemente diz às garotas: "Existe uma grande diferença entre se vestir atraentemente e se vestir para atrair". Qual é a sua motivação? Você já pediu ao seu pai ou à outra mulher cristã para honestamente avaliar suas roupas? Você está disposta a sacrificar a moda para ser obediente a Deus?

Durante nossa corte, Shannon me honrou ao se vestir e agir modestamente. Algumas vezes, isso significou se livrar de roupas que ela não achava que tinham algum problema (mulheres, vocês nunca saberão como os homens pensam diferente até que estejam casadas!). Uma vez, quando lhe disse que uma bermuda que ela estava usando estava me trazendo dificuldades, ela rapidamente a trocou.

Nas Escrituras, Pedro diz às mulheres cristãs que a beleza delas devia ser a interior – "demonstrada num espírito dócil e tranqüilo, o que é de grande valor para Deus" (1Pe 3.4). Ao comentar este versículo, John Stott escreve:

> A igreja deve ser um verdadeiro salão de beleza, porque encoraja seus membros do sexo feminino a se adornar com boas obras. As mulheres precisam se lembrar de que se a natureza as fez sem graça, a graça pode torná-las maravilhosas, e se a natureza as fez lindas, as boas obras podem aumentar sua beleza.

A graça irá torná-la maravilhosa e irá atrair homens verdadeiramente santos a você. Torne a santidade e a beleza interior a sua prioridade.

Uma questão de atitude

Anteriormente, eu citei Elisabeth Elliot para os homens. Deixe-me compartilhar outra citação dela para as mulheres. "Uma verdadeira mulher", ela escreve, "compreende que o homem foi criado para tomar a iniciativa, e ela age sob essa premissa. É uma questão de atitude. Estou convencida de que a mulher que compreende e aceita com alegria a diferença entre o sexo masculino e o feminino será, sem fingimento ou cuidado expressivo, feminina".

Minha oração é a de que você seja este tipo de mulher – que usa seus dons, desenvolve sua mente, é apaixonada por Deus e, sem sombra de dúvida, feminina. Eu sei que a atitude que Elisabeth Elliot descreve vai contra o estabelecido pela nossa cultura. De muitas formas, as mulheres de hoje são encorajadas a ser qualquer coisa que quiserem – exceto mulheres e femininas.

Mas não baseie seu sonho ou definição de sucesso num mundo que rejeita a Deus. Ao invés disto, deixe que a Palavra de Deus defina o sucesso. Seu Pai Celestial a fez para ser uma mulher para a glória dele. Você descobrirá que o plano dele é mais lindo do que tudo o que este mundo pode oferecer.

Para Ele e sua história

Se você é como eu, está consciente de que precisa desesperadamente da ajuda de Deus para ser quem Ele o convoca a ser como homem ou mulher. É verdade. Nós não podemos agir por nossa própria força. Precisamos de sua graça.

SE OS GAROTOS FOREM HOMENS, AS GAROTAS SERÃO MULHERES?

Ser fiel ao plano dele exige fé, grande coragem e a consciência de que Deus, não você, é a figura principal deste plano – a história humana gira em torno dele.

Deus é o centro do universo. Ele criou você para si. Se você é um homem, Deus o fez para a glória dele. Se você é uma mulher, Deus a fez para a glória dele. Ele deu a cada um de vocês uma identidade sexual para que possam expressar sua masculinidade e feminilidade para Ele, da forma que Ele quer – e, ao fazer isto, apontem para a grandeza e bondade dele.

Isso é o que significa glorificar a Deus como um homem ou uma mulher. Se garotos forem homens, as garotas serão mulheres?

Nós podemos responder a essa pergunta somente se nos aventuramos juntos a obedecer a Palavra de Deus.

Capítulo Oito

A CORTE É UM PROJETO DA COMUNIDADE

Como obter direção, apoio e força de sua igreja e família

Eu olhei pela janela e sorri por ver o céu aberto. Não iria chover. Os amigos de Kerrin Russell e Megan Kauflin tinham pedido, durante meses, ao "departamento do tempo" do céu para que o sol estivesse brilhando. Suas orações foram respondidas. Eram 13 horas, uma hora antes do começo da cerimônia, e o tempo estava perfeito para um casamento ao ar livre.

Durante toda a manhã e tarde vários voluntários tinham trabalhado dedicadamente para que tudo "estivesse perfeito". Parecia que metade dos membros da igreja estava ajudando de alguma forma. Se você a estivesse sobrevoando com um avião, ela pareceria um formigueiro depois de algum garoto tê-lo cutucado com uma vareta. Pessoas corriam por todos os lados. As mulheres terminavam a decoração; um grupo de homens testava o equipamento de som; dúzias de estudantes do colegial, sob a direção do sr. Drier, preparavam a comida para a recepção.

O resultado de todo este trabalho árduo era de tirar o fôlego. O grande e espaçoso jardim atrás da igreja havia se transformado num belo santuário – seu teto era um maravilhoso céu azul;

suas paredes eram colunas das quais pendiam panos brancos que eram suavemente balançados pela brisa. Fileiras de cadeiras brancas refletiam o sol e brilhavam, tendo ao fundo o intenso verde da grama. Cada detalhe – desde os arranjos de flores até o altar aonde Kerrin e Megan iriam trocar os seus votos – tinham um ar de sonho, de conto de fadas.

Compartilhando a alegria

A decoração era maravilhosa, e o tempo estava perfeito; mas quando me lembro do casamento de Kerrin e Megan, acho que a parte mais maravilhosa foi o incrível senso de comunidade cristã que o cercou. A cada momento do dia, desde a preparação até a cerimônia e a recepção, foi uma celebração *compartilhada*.

O momento que indicou isso melhor foi quando Julie Kauflin, a mãe de Megan e sua dama de honra, caminhou até o altar. Enquanto ela olhava para os rostos de seus amigos ali reunidos, seus olhos diziam: "Obrigada por estar aqui... obrigada por nos apoiar ao longo dos anos... obrigada por estar celebrando junto conosco". Em contrapartida, a mensagem que vinha dos olhos dos convidados era: "Nós nos alegramos com você... a sua alegria também é nossa".

Nós éramos mais do que testemunhas; éramos participantes. Eram amigos, professores, avós, mentores, tios, tias e pastores que tinham ensinado, aconselhado, chorado e sorrido juntos. Pessoas que oraram com Kerrin e Megan desde a sua infância até a idade adulta.

Os dois eram uma parte de nós – cada um de nós carregava uma parte especial da história deles. Tínhamos que marcar presença neste momento de suas vidas, compartilhar com eles e, ao fazer isto, multiplicar a sua alegria.

A CORTE É UM PROJETO DA COMUNIDADE

Nós estávamos celebrando não somente o fato de que Kerrin e Megan iriam pertencer um ao outro para sempre, mas que nós, os amigos e familiares que se reuniram para testemunhar a união, pertencíamos a eles, e eles a nós. "Assim também em Cristo nós, que somos muitos, formamos um corpo", escreveu Paulo, "e cada membro está ligado a todos os outros" (Rm 12.5). Por causa de Jesus, éramos uma família espiritual tão interligada que é impossível dizer onde a alegria da noiva e do noivo terminava e a nossa começava.

Capela vazia

A maior parte de nós pode entender a importância da comunidade num casamento, mas o que eu quero mostrar ao longo deste capítulo é que a comunidade é também muito importante no período da corte. Se um casamento é um evento da comunidade, a corte deve ser um projeto da comunidade.

O que tornou o casamento de Kerrin e Megan tão lindo foi que ele representava o ápice de um relacionamento que envolveu a comunidade da igreja em todos os seus estágios. Sua amizade cresceu enquanto eles estavam servindo com outros no ministério da juventude.

Quando Kerrin começou a gostar de Megan, buscou o conselho de seus pais, seu pastor e seus amigos; antes dele expressar seus sentimentos por ela, encontrou-se com o pai de Megan, Bob, e pediu permissão para começar a corte. Megan concordou com a corte apenas depois de procurar o conselho de seus pais e amigas íntimas da igreja. Durante a corte e o noivado subseqüente, ambos prestavam contas aos seus pais e pastores.

Kerrin e Megan não somente convidaram outras pessoas para participar de seu casamento. Muito antes eles as convidaram para participar de sua história de amor. A saúde e sucesso da corte e casamento estava integralmente ligada ao apoio, amor e força que receberam de sua igreja e família. "Nenhum homem é uma ilha", John Donne escreveu. O mesmo pode ser dito de um homem e uma mulher que se amam. Nenhum *casal* é uma ilha. Uma relação saudável não pode se isolar das pessoas ao seu redor.

Uma corte separada da comunidade é como um casamento sem convidados. Você consegue imaginar isso? Tente visualizar uma cerimônia em que somente o noivo e a noiva estão presentes. Não há damas de honra nem padrinhos, nem a porta-aliança, ou mesmo o pastor para celebrá-lo. A capela está vazia e silenciosa. O noivo, em seu smoking, está sozinho no altar; a noiva caminha desacompanhada até ele. Ela veste um deslumbrante vestido branco, mas não há ninguém para admirá-la, ninguém que se levante quando passa, ninguém para entregá-la ao seu noivo.

Por que existe algo errado com esta idéia? Porque um casamento com ninguém para compartilhá-lo não é um casamento! Um casamento é uma troca sagrada de votos perante testemunhas. Da mesma forma, a corte é mais do que apenas um homem e uma mulher unindo suas vidas. Ela envolve a família física e a espiritual a quem eles estão ligados – a comunidade de pessoas que testemunham, afirmam, protegem e celebram o seu amor.

O que comunidade *não* significa

A esta altura, você deve estar coçando a sua cabeça. Talvez a idéia de comunidade em relacionamentos soe estranha. Talvez sua experiência de vida na igreja não pareça nada com isso. Eu sei como você se sente. Muitos estão acostumados a expulsar os outros de nossas vidas. O que eu espero que você considere é que quando fazemos isso, expulsamos a alegria, sabedoria e encorajamento que Deus quer que tenhamos.

A CORTE É UM PROJETO DA COMUNIDADE

O papel da comunidade no romance cristão é tanto bíblico como lindo. Se você observar melhor, acho que descobrirá que envolver a comunidade pode, na verdade, aumentar a alegria de sua corte e a oportunidade dela se tornar um relacionamento duradouro, profundamente romântico e que glorifique a Deus.

Mas antes de avançarmos, quero deixar bem claro o que *não* estou dizendo. Primeiro, *não* estou dizendo que vocês devem sacrificar toda a privacidade no relacionamento. Terem um tempo sozinhos como casal é muito importante.

Segundo, *não* estou dizendo que devem deixar que outra pessoa (seus pais ou o pastor) tomem a decisão sobre com quem vocês irão se casar. Somente vocês podem tomar esta decisão.

O problema dos dias de hoje é que permitimos que a importância da privacidade e da escolha pessoal nos façam negligenciar o que a Bíblia ensina sobre a necessidade de conselhos de nossos irmãos da igreja local. Apesar de ser verdade que não devemos deixar ninguém decidir com quem devemos nos casar, é ser arrogante ao extremo pensar que podemos tomar essa decisão tão importante sozinhos, sem pedir o conselho de ninguém! E, apesar do casal precisar de um tempo junto, sozinho, é tolice nos privarmos do conselho e apoio das pessoas que melhor nos conhecem.

Em toda a Bíblia, Deus nos lembra de que não devemos viver a vida cristã sozinhos em qualquer parte dela – precisamos dos outros para ser santos, fortes e fiéis. Deus nos adotou para uma nova *família*. Juntos somos chamados para ser um *povo* santo, não somente indivíduos santos (Ef 5.3).

Apesar das pessoas no mundo secular estarem se tornando cada vez mais isoladas, Deus nos conta que está nos unindo como sua igreja, para nos tornarmos o lugar onde Ele habita através de seu Espírito (Ef 2.22). "Vocês já não são estrangeiros nem forasteiros", Paulo diz, "mas concidadãos dos santos e membros da família de Deus" (Ef 2.19). "E consideremos uns aos outros para nos incentivarmos ao amor e às boas obras. Não deixemos de reunir-nos como igreja, segundo o costume de alguns, mas procuremos encorajar-nos uns aos outros, ainda mais quando vocês vêem que se aproxima o Dia" (Hb 10.24-25).

O que a comunidade provê

A Bíblia aponta para a prioridade da igreja local e nossa necessidade de encorajamento e força vindos dos outros cristãos em todas as partes de nossa vida – incluindo o romance. Nossa abordagem do romance deve refletir os relacionamentos *radicalmente diferentes* que possuímos como cristãos na comunidade dos redimidos. Nós não fomos chamados para avançar sozinhos – realmente precisamos uns dos outros.

Como precisamos dos outros durante a corte? Aqui estão três coisas importantes que a comunidade provê.

1. A comunidade nos lembra da realidade
Não há nada igual ao romance para embaçar a percepção da realidade de uma pessoa. Quando nossas emoções e sentimentos estão atuando, é difícil ser objetivo – vermos nós mesmos, a outra pessoa e a nossa situação de uma forma correta.

A comunidade nos traz de volta a realidade de várias formas diferentes.

Por exemplo, ela provê outra perspectiva de nosso relacionamento. Se não fosse por esta chamada à realidade através do conselho de um amigo, Kerrin e Megan possivelmente nunca teriam começado a sua corte. Quando Megan descobriu, através de seu pai, que Kerrin estava interessado nela, quase o dispensou. Ele não era seu tipo. Mas uma conversa no almoço com sua amiga Claire (a mesma Claire sobre a qual você leu no capítulo 4) a ajudou a ver que qualidades realmente importavam num marido, e isso mudou a sua perspectiva.

Uma das anotações no diário de Megan mostra a lenta transformação que aconteceu quando sua amiga gentilmente a desafiou a reconsiderar sua atitude em relação a Kerrin.

Megan escreveu:

> Eu saí com Claire no sábado. Naquele ponto, eu estava totalmente confusa em relação a Kerrin. Minha mente e meu coração estavam pregando peças. Eu coloquei tudo para fora na conversa, expondo os prós, contras e toda a minha confusão.
> Ela ouviu e riu de mim. Ela me contou de sua experiência com David e como ele era tão diferente dos outros rapazes que a atraíam. Então, explicou como as qualidades como humildade e espírito de serviço atraíram seu coração. Enquanto eu ouvia, percebi que em toda a minha vida eu tinha baseado meus relacionamentos em sentimentos e atração. Claire enfatizou que a decisão de corte e casamento *não* pode ser baseada em sentimentos. Nós somos pessoas voláteis. Julie me contou a mesma coisa. "Você não pode confiar em seus sentimentos, mas pode confiar no amor e no caráter."
> O conselho delas balançou meus ideais românticos e me fez começar a pensar sobre o caráter. Então Claire perguntou se a opinião de outras pessoas tinha influenciado minha decisão. Eu percebi o quanto isso influenciava a minha decisão inicial de dizer não a Kerrin. Eu achava que merecia alguém melhor. Isto era somente um orgulho tolo. Quanto mais Claire me contava sobre sua experiência com David, mais eu via que meus ideais esta-

vam errados. Depois do encontro, estava determinada a reavaliar o que formava as minhas opiniões.

Claire não me convenceu de que eu devia entrar na corte com Kerrin; ela me ajudou a avaliar o que influenciava minha decisão e porque eu pensava e me sentia daquele jeito. Eu conversei com meu pai e minha mãe naquela noite, ainda com muitas dúvidas e sem fé, mas determinada a avaliar meu coração.

O diário de Megan mostra como Deus usou as palavras de suas amigas para gentilmente apontar a direção correta. Megan estava confusa. Ela se sentia dominada por suas emoções. Como alguém caminhando num vale tomado pela neblina, ela precisava de outros que estivessem acima dessa neblina para lhe passar as direções corretas. Claire e os pais de Megan não tomaram a decisão por ela, mas ao prover um pouco de realidade distante da neblina das emoções dela, ajudaram-na a encontrar o seu caminho.

Outra forma da comunidade nos prover uma visão da realidade é nos dar contextos reais para observar o outro. Encontros à dois sozinhos são ótimos, mas se eles são o único momento em que vocês interagem, as chances são grandes de nenhum dos dois formar uma imagem perfeita de quem a outra pessoa é.

É por isso que é de tremenda ajuda conhecer o outro no meio da comunidade, como em sua família, entre os amigos e no meio da igreja. Você pode chamá-los de nosso *habitat*. Se você quer compreender a verdadeira natureza e caráter de um leão, não vá ao zoológico – vá às planícies da África! Ali você testemunhará seu real temperamento, habilidades e comportamento. Da mesma forma, quando observamos o outro em situações reais no meio da comunidade, provavelmente poderemos avaliar melhor quem a pessoa realmente é – a pessoa que ele ou ela é sem a restrição do encontro ou da corte.

É por isto que passar um tempo junto com seus familiares é tão importante. Algumas pessoas zombam dessa idéia. Eles pensam que ela parece antiquada, até mesmo infantil. Mas interagir com os pais do outro dá ao casal uma visão da realidade muito importante.

Por exemplo, não assuma que, se o garoto com quem você está numa corte desrespeita e é rude com a mãe dele, isso é a exceção, e não a regra. A verdade é que a forma como ele trata *você* agora é a exceção – a forma como se comporta perto da família é a real.

Este princípio também se aplica em como a outra pessoa se comporta quando está perto dos amigos. Se você quer ter uma clara visão de quem a outra pessoa é, precisa ter certeza de que está construindo o seu relacionamento no meio da comunidade – não somente quando estão sozinhos num encontro romântico.

Toques da realidade

Como aproveitar os momentos de realidade inseridos em seu relacionamento? Uma forma é garantir que o tempo que passam juntos é equilibrado, dividido entre encontros à dois e juntos com amigos e familiares. No começo de seu relacionamento, talvez seja sensato criar mais momentos que envolvam outras pessoas.

Também aceite porções de realidade do maior número de fontes possível. Não espere que seus amigos, pais ou pastores cheguem até você com conselhos sobre sua corte – vá até eles. Quem são as pessoas ao seu redor cujas vidas demonstram sabedoria? Quem quer que sejam, procure-as e as envolva em seu relacionamento. Peça a sua perspectiva e oração.

Meus amigos Brian e Sarah, que vivem em Orlando, buscaram este tipo de toques de realidade de seus pais e outros casais da igreja. Antes de se tornarem noivos, eles sistematicamente agendaram jantares com cinco casais diferentes. Para cada um eles perguntaram: "Qual é a sua opinião honesta sobre o nosso relacionamento? Vocês observaram alguma coisa que os preocupa? Vocês nos aconselhariam a prosseguir rumo ao casamento?". O que Brian e Sarah estavam fazendo? Estavam buscando a perspectiva de maridos e esposas que eles respeitavam e que tinham observado seu relacionamento de perto.

Finalmente, não ignore o que estas visões da realidade vindas da comunidade revelam. Se um grande número de confiáveis conselheiros tem reservas sobre o seu relacionamento, você deve considerar isso seriamente. Não assuma que os problemas ou desafios que eles vêem irão desaparecer magicamente quando vocês se casarem.

2. A *comunidade provê proteção*

Numa edição recente da revista *Reader's Digest*, uma mãe contou uma história maravilhosa que ilustra como a comunidade pode prover proteção nos relacionamentos. Uma noite, esta mulher e seu marido foram com alguns amigos ao restaurante onde sua filha adolescente, Misty, trabalhava como garçonete.

Um homem, provavelmente era uns quinze anos mais velho que Misty, sentado numa mesa próxima, começou a flertar com ela. Ela ignorou o pedido do número de telefone dela, mas ele insistiu. Finalmente Misty parou o que estava fazendo e respondeu: "Você está vendo aquele homem?", ela disse, apontando para o seu pai. O homem se virou para a direção apontada. "O nosso telefone é o mesmo. Se quiser, vá pedir o número para ele."

A CORTE É UM PROJETO DA COMUNIDADE

Apesar de a história ser engraçada, eu acho que o princípio por trás dela é muito sério. Eu creio que cada garota deveria ter um homem santo em sua vida para quem pudesse apontar e dizer a quem a estivesse abordando e dizer: "Se você está interessado em *mim*, fale com *ele*!". Nós precisamos da comunidade porque precisamos de proteção.

Apesar de eu conhecer casos em que homens precisaram de proteção contra mulheres perigosas, enfatizo este ponto para mostrar a importância da proteção à mulher no relacionamento. Hoje, a pior conseqüência da falta do envolvimento da comunidade nos relacionamentos é que as mulheres estão se tornando cada vez mais vulneráveis. Olhe as taxas de estupros e os abusos emocionais e físicos que as mulheres sofrem. Onde estão os pais? Onde estão os irmãos? Onde então os homens santos para proteger aquelas que são órfãs?

Um dos maiores privilégios da santa masculinidade é prover proteção para as mulheres. Como conversamos no capítulo sete, esta não é uma demonstração de nossa superioridade, mas uma expressão de nosso papel dado por Deus como servos, protetores e líderes.

Anteriormente eu comentei que meu amigo Kerrin se encontrou com o pai de Megan, Bob, para pedir sua permissão para começar uma corte. É importante que você compreenda que isso era algo que Megan queria. Ela confiava em seu pai e tinha pedido por sua sabedoria e proteção. Desejava que ele avaliasse os rapazes que estavam interessados nela. Ela queria que ele estivesse acompanhando a sua corte.

Quando Bob entregou Megan no dia de seu casamento, representou mais do que uma tradição – simbolizou realmente que ela estava passando da proteção dele para a proteção de Kerrin.

Mulheres, a despeito do que possam ter vivenciado nas mãos de seus pais terrenos, saibam que isso não é o que o seu Pai Celestial deseja para vocês. Vocês nunca deveriam ficar desprotegidas. Tenho pena das que nunca tiveram um pai cristão para tomar conta. Fico triste porque a negligência da parte dos homens as deixou vulneráveis a maus-tratos e abusos. Fico triste porque vocês tiveram que assumir traços masculinos para lutar por si mesmas e se protegerem.

Este não é o plano de Deus – é conseqüência de nosso pecado e desobediência. Jesus veio para reverter os efeitos do pecado. Parte da razão dele nos ter dado a igreja local é para dar pais aos que não os possuem. Deus nos deu a igreja local para ser a família espiritual que pode suprir as falhas da nossa família natural. Minha amiga Karen perdeu o seu pai com câncer quando tinha vinte e seis anos. Quando começou sua corte com Alex, pediu para o seu cunhado, Tom, que também era um membro de sua igreja, para representar o papel do protetor.

"Se Tom não estivesse por perto, seria apenas Alex e eu", Karen diz. "A verdade é que eu não confio completamente em mim mesma. Necessitava dos conselhos de Tom. Precisava de uma proteção entre Alex e minhas emoções. Tinha necessidade de alguém que desafiasse a minha perspectiva e também me protegesse."

Convidando a proteção

Deixe-me encorajá-lo a dar os passos necessários para aceitar a proteção que a comunidade pode oferecer ao seu relacionamento.

Se a garota em que você está interessado tem um pai cristão, ele deve ser a primeira pessoa em sua agenda de encontros. Obter a sua permissão para buscar um relacionamento com a filha dele irá honrá-lo e ajudar a protegê-la. Reconheça a autoridade e liderança dele na vida da filha. Defenda suas razões para a corte e confie que

Deus irá agir através dele para o seu bem. Não tente diminuir a liderança dele – honre-a, mesmo que isso signifique esperar mais ou fazer as coisas de forma diferente da qual você tinha planejado.

Se, como a mulher da relação, você possuir um pai cristão (mesmo se você já não estiver morando na casa de seus pais), eu lhe encorajo a envolvê-lo nesta parte de sua vida. Converse com ele e com sua mãe sobre o tipo de marido pelo qual você está orando. Ouça seus conselhos. Escale o seu pai como seu "selecionador de pretendentes". Deixe-o saber quem está em sua lista de possibilidades e quem ele pode excluir educadamente.

Você pode estar pensando: "Mas isso não vai funcionar comigo!". Eu entendo, e espero que você veja o princípio envolvido. Pessoas diferentes irão aplicá-lo de formas diferentes em suas vidas.

Por exemplo, eu não conversei com o pai de Shannon antes de conversar com ela sobre meu interesse. Ela não estava morando na casa de seus pais e, apesar de ela ter um pai maravilhoso, ele não era cristão e não provia uma liderança espiritual na vida dela. Eu sabia que ligar para ele para obter permissão para uma corte iria gerar mais confusão do que ajuda.

Ao invés disto, conversei com o pastor de Shannon, e com dois casais de nossa igreja que eram íntimos dela. Eu quis ter certeza que eles não tinham nenhuma restrição a mim ou ao tempo do relacionamento. Somente depois de receber o encorajamento deles é que conversei com Shannon.

Então, eu liguei para os pais dela no dia seguinte para que soubessem sobre nossa corte e para convidá-los a participar dela. "Eu gostaria que vocês estivessem envolvidos em nosso relacionamento", contei para eles. Eu também disse que conversaria com eles antes de pedi-la em casamento.

Você vê o princípio em ação em nossa situação? Eu estava convidando a proteção de homens e mulheres santos que se preocupavam com Shannon espiritualmente, e estava honrando o pai e a mãe que a tinham criado. Nós não temos que ter uma situação familiar perfeita para podermos aplicar este princípio de alguma forma.

3. *A comunidade provê responsabilidade*
Responsabilidade cristã é convidar outros a nos ajudar a viver pelo que sabemos que é certo. É pedir que eles desafiem, inquiram e nos questionem para que nossas ações possam se alinhar às nossas convicções.

A Bíblia está repleta de lembretes do pecado que reside dentro de nós. Jeremias 17.9 diz: "O coração é mais enganoso que qualquer outra coisa e sua doença é incurável. Quem é capaz de compreendê-lo?". Em 1João 1.8 nós lemos: "Se afirmamos que estamos sem pecado, enganamos a nós mesmos, e a verdade não está em nós".

O fato de que nossos próprios corações nos traem nos mostra que precisamos de nossos irmãos em Cristo para nos ajudar a lutar a luta da fé e resistir ao pecado. É por isso que Steve e Jamie, que estão com quase quarenta anos, pediram que Walt e Brenda, o casal que lidera o grupo pequeno que eles participam, lhes ajudasse na questão da responsabilidade. Apesar de Steve e Jamie serem ambos pais solteiros que já haviam sido casados antes, eles queriam seriamente manter a pureza sexual.

"Quando você está casado e tem três filhos, é fácil pensar que se proteger contra o pecado sexual não é tão importante", Jamie diz. "Você pode pensar: *Hei, já sou adulta e conheço os caminhos desse mundo*. Bem, se você realmente conhecesse os caminhos do mundo e as conseqüências do pecado, estaria correndo."

Steve concorda. "Eu preciso de ajuda para proteger os meus pensamentos. Quero ser puro em minha corte com Jamie. Sabendo que Walt irá perguntar: 'Como anda seu comportamento?', tenho a cada domingo uma motivação extra."

Responsabilidade é importante para mais coisas além da pureza sexual. O ato de equilíbrio entre a intimidade e a proteção que discutimos no capítulo cinco é outra área onde outras pessoas podem ajudar. Nossos pais, amigos ou pastores podem perguntar como você está ao proteger a sua comunicação e expressões de romance.

Eu os encorajo a se reportarem a um casal que seja casado (o ideal é que sejam seus pais), juntos e também individualmente. O casal para quem vocês prestam contas deve ser um marido e esposa que respeitem, e estejam dispostos a desafiá-los e confrontá-los quando for necessário. A pessoa a quem você irá prestar contas individualmente deve ser um homem ou mulher santo, do mesmo sexo seu. Tem de ser alguém com quem você possa conversar fácil e freqüentemente, e forte nas áreas em que você se sente fraco. Mas a prestação de contas não é válida se a pessoa para quem está prestando contas peca nas mesmas áreas em que você encontra problema!

Isso não é um casamento arranjado

Assim como nenhuma corte deve ser desligada do envolvimento das outras pessoas, não deve tambémser controlada ou manipulada por elas. Uma atitude bíblica é a de humildemente buscar a ajuda de outras pessoas. Mas isso não significa que devemos confiar a elas a decisão final sobre com quem devemos nos casar. O compromisso do casamento é algo sério que irá nos unir pelo restando da vida. E por esta razão, ninguém – pais, pastores ou amigos – pode tomar esta decisão por nós. Apesar de seu conselho nos ajudar, somos nós que devemos ouvir a Deus e ter fé na decisão de nos casar.

Que princípio pode nos guiar nessas questões? A Bíblia deixa claro que um filho obediente deve obedecer a seus pais enquanto não estiverem pedindo que ele desobedeça a Deus (Ef 6.1). Quando chegamos à idade adulta, não temos mandamento de obedecê-los, mas de honrá-los (Êx 20.12). Isso quer dizer que precisamos respeitar o seu conselho e analisá-lo cuidadosamente.

Obviamente nosso respeito pelo conselho deles também depende da santidade e integridade de suas vidas. Deus me abençoou com um pai e uma mãe que têm servido a Deus e permanecido fielmente casados por mais de vinte e cinco anos. Para mim, seu conselho tem um grande peso. Eles nunca me disseram o que fazer em minha corte com Shannon, mas eram meus conselheiros mais íntimos e confiáveis. E porque eram humildes e se importavam comigo, também me encorajavam a buscar o conselho de outras pessoas.

Provérbios 15.22 diz: "Os planos fracassam por falta de conselho, mas são bem-sucedidos quando há muitos conselheiros". A decisão com quem você deve se casar envolve muitos conselheiros. Se seus pais são santos e o fruto de suas vidas demonstra sabedoria, eles devem estar no topo de sua lista de conselheiros. Mas isso não significa que a perspectiva deles deva ser a que definitiva. Você também deve buscar o conselho de outros sábios conselheiros e formar a sua própria convicção perante Deus.

Em minha própria vida, o cuidado e sabedoria de meus pastores me deram o que era essencial para o sucesso da minha corte. Sua oração, responsabilidade e conselho antes e durante a corte nos ajudaram a manter o foco correto do relacionamento. Líderes bons e bíblicos serão honestos e sinceros, mas não invasivos.

Compartilhando a alegria

O plano de Deus para a comunidade na corte não é o de acabar com a sua alegria. É de multiplicá-la! Um pôr-do-sol contemplado com um amigo não é mais bonito do que aquele que você vê sozinho? Quando compartilhamos algo com outras pessoas, aumentamos nossa própria alegria. Esta é uma das melhores razões para querer ter o envolvimento da família e da igreja local em nossa corte.

Quando seu amor por alguém está crescendo, é maravilhoso ver seus amigos e família se apaixonando por aquela pessoa também. Você verá esta alegre experiência se mostrando para Megan no trecho seguinte do seu diário. Ela escreveu isso depois de quatro meses de relacionamento com Kerrin (e um mês antes dele a pedir em casamento):

> O Natal chegou. Ontem nós cortamos a árvore; e hoje compramos mais algumas coisas – eu, Kerrin e Chelsea. Que época emocionante do ano! Kerrin adiciona uma nova dimensão à minha família. A noite passada aconteceu um "momento" desses – decorando a árvore com cantigas tocando ao fundo, a família e Kerrin.
>
> De todas as surpresas desse feriado, a melhor foi a inclusão de Kerrin em nossa família. Fiquei muito feliz por vê-lo acolhido tão bem. Vê-lo como uma parte de todas as nossas tradições... gozando Jordan, provocando Chelsea, brincando com Brittany e McKenzie. Eu adorei vê-lo entrar em nosso mundo, nossa vida.
>
> Eu não esperava isso. Acho que, em meu egoísmo, nunca pensei realmente neste aspecto de nosso relacionamento. Como sou grata pelo tempo que ele está investindo em minha família, para que possam amá-lo como eu o amo. Eu adoro nosso tempo junto, mas quando penso em nosso tempo em família – jogando cartas, assistindo filmes, conversando, rindo – eu não o trocaria nem por mil encontros a sós com ele.

Por que precisamos da comunidade para uma corte bem-sucedida? Porque realmente precisamos uns dos outros.

Nós precisamos ser relembrados de como a realidade é.

Precisamos de proteção.

Precisamos de ajuda para sermos e fazer o que acreditamos.

Agradeça a Deus por não estar sozinho. Jesus comprou nossa liberdade com sua morte e ressurreição. Ele nos reconciliou consigo mesmo, e nos reconciliou com os outros. Somos uma família – irmãos e irmãs.

Por que precisamos da comunidade? Porque como um bom casamento, a corte deve ser uma celebração compartilhada com os outros.

Capítulo Nove

O VERDADEIRO AMOR NÃO *APENAS* ESPERA

Como amar apaixonadamente e ser puro sexualmente

"Quem você está tentando enganar?"
Eu me mexi levemente para o lado, fechei meus olhos e tentei ignorar a voz. "Você não está enganando ninguém", ela disse novamente.

Ainda assim não respondi. Talvez ela fosse embora. Desistisse.

Shannon e eu ficáramos noivos dois meses antes. Nós fomos visitar a sua mãe, Mitzi, em sua casa de praia em Ocean City. Era uma pausa merecida em meio a todo o trabalho de planejamento do casamento. Por que a minha consciência também não tirava uma folga? Ela estava fazendo hora extra naqueles últimos meses. Ela não podia descansar um pouco? Relaxar?

"Isto é ridículo, Josh", ela disse novamente, irredutível. "Você sabe que isso está errado." Evidentemente ela não tirava férias.

Ela estava certa. Eu sabia, mas era muito teimoso para admitir. Tinha sido minha a idéia de tiramos, Shannon e eu, uma soneca na rede depois do almoço. Assim que eu fiz a sugestão, soube que era uma má idéia. Minha motivação era chegar o mais próximo possível do corpo de Shannon. Minha consciência entrou em alerta máximo. "Tirar uma soneca na rede?!", ela gritou. "Você está louco? Isto não é fugir da tentação – e convidá-la para chegar mais perto de você!"

Relaxe, eu disse a ela, enquanto Shannon e eu pegávamos dois travesseiros e nos dirigíamos para a rede que estava armada entre duas árvores. *Você já ouviu falar da liberdade cristã?* Eu continuei. *Nós estamos noivos, ok? Isso é algo inocente.* "Para o puro, todas as coisas são puras."

"Não cite as Escrituras para mim, seu cabeça-dura!", ela gritou. "Você faria isso se seu pastor estivesse aqui? Você colocaria isso num livro? Você realmente escreveria: 'Enquanto estiverem lutando pela pureza em seu relacionamento, aconcheguem-se um ao outro para um cochilo numa rede?'."

Eu não sou um legalista, disparei quando Shannon e eu nos ajeitávamos na rede, cada um com a cabeça em lados opostos. *Eu não vou viver minha vida pelos padrões dos outros*, disse para minha consciência. *Eu sinto paz a respeito disso.*

"Se você sente tamanha paz assim, por que está discutindo comigo?"

Boa pergunta. Eu não tinha uma resposta, então decidi tentar o método silencioso e ignorá-la. Eu visualizava a imagem do Grilo Falante pulando em volta de Pinóquio. Se minha consciência fosse um grilo naquele momento, eu provavelmente a teria esmagado.

Eu simplesmente não queria lidar com ela. Na verdade, Shannon e eu éramos muito, muito puros fisicamente. Nós havíamos assumido o compromisso de não nos beijarmos até o dia de nosso casamento. O mais longe que fomos como *noivos* foi darmos as mãos ou colocar os braços ao redor do outro.

Então, sim, nós estávamos deitados numa rede juntos. E daí? Sim, nossos corpos estavam muito próximos. Sim, nós estávamos roçando um no outro. E sim, isso era sensual, e estava me excitando. Mas que droga, eu não seria controlado pelo legalismo!

"Pare de olhar para as pernas dela, Josh", minha consciência disse. "Seus olhos semi-cerrados não me enganam."

Eu estou apenas admirando-as.

"Você as está desejando."

Bem, ela será minha esposa daqui a quatro meses.

"Mas ela não é sua esposa ainda."

Deus não quer que eu restrinja minha sexualidade!

"Restringir não. Controlar pelo bem da santidade, sim."

Por que tudo tem que ser sempre um problema tão grande?

"Deixe-me fazer mais uma pergunta, e então eu deixo você em paz."

O quê?

"Se Jesus Cristo – aquele que o abençoou com sua sexualidade e colocou esta garota em sua vida, aquele que se sacrificou para lhe redimir e separar para a santidade – se Ele se levantasse e colocasse sua mão marcada pelos pregos nesta rede, você se orgulharia do que está fazendo?"

Eu fiquei quieto.

"Josh?"

Estou me levantando.

Eu me sentei na rede e levantei.

"Algo errado?", Shannon perguntou, assustada com minha súbita partida.

"Eu não devia estar aqui com você", eu disse. "Desculpe-me, mas estou gostando disso pelos motivos errados. Sinto muito por ter feito a sugestão. Preciso dar uma caminhada."

"Tudo bem", ela disse e sorriu. Ela realmente não sabia do acalorado debate que estava acontecendo do outro lado da rede. "Eu te amo", ela me falou.

"Eu também amo você", eu disse. Eu realmente a amava. E foi por isso que me levantei.

Não somente esperando

"Entre vocês", Deus diz aos seus filhos: "Não deve haver nem sequer menção de imoralidade sexual como também de nenhuma espécie de impureza" (Ef 5.3). É por causa de claros mandamentos como esse e a realidade de nossos apetites sexuais dados por Deus que enfrentamos momentos "na rede" – momentos em que devemos escolher entre o que nosso corpo deseja e o que sabemos que nosso Senhor instruiu.

A tentação talvez possa ser aparentemente inocente como decidir quando se beijar, ou algo sério como escolher quando dormir juntos. Qualquer que seja a escolha, a luta interna é a mesma. A escolha se resume a: "Em que você vai acreditar?". Você ouvirá os claros mandamentos das Escrituras e a voz de sua consciência, ou a voz que está oferecendo prazer imediato se deixar de lado o que crê? O que *realmente* lhe fará feliz?

Todos nós sabemos que *devemos* responder, mas quando o desejo nos atinge, fazer o que é certo não é fácil. No calor da paixão, precisamos mais do que conhecimento sobre a pureza sexual. Para resistir firme contra o pecado, não podemos simplesmente concordar intelectualmente com os méritos da castidade. Nós devemos ser *cativados* pela beleza e maior prazer contidos na forma que Deus aborda o sexo. Isto envolve *concordar* com Deus sobre a bondade do sexo puro dentro do casamento, *recusar* o aperitivo que é oferecido pelo mundo e *temer* as conseqüências do sexo ilícito.

Ser cativado pela forma que Deus aborda o sexo não acontece por acidente – requer um esforço direcionado para isso antes do casamento. O autor Ken Myers uma vez me disse: "O amor verdadeiro não apenas *espera*; ele planeja". Ele está certo. Enquanto estamos solteiros ou numa corte, devemos fazer mais do que evitar o que é errado – precisamos planejar e trabalhar duro para sermos cativados pelo o que é bom. Neste capítulo vamos examinar como, durante a corte e o noivado, você pode se preparar para uma emocionante vida sexual no casamento, uma vida sexual que glorifique a Deus. Você está pronto para ser cativado?

Adoração na cama

Deus celebra o sexo puro dentro do casamento. Ele nos convida a fazermos o mesmo. "Que dom divino de celebração maior nós temos do que o ato sexual?", pergunta Douglas Jones. Ele escreve que o leito matrimonial não deve ser "meramente um lugar de satisfação dos desejos naturais, mas um local para se deleitar na misteriosa beleza deste desejo. Por que Deus se deleita em nos extasiar por peles bonitas, peitos macios, músculos firmes, pernas entrelaçadas e beijos demorados?".

Por que Deus se alegra em nos fazer assim? A resposta é: para nosso prazer e sua glória. Porque Ele é muito, muito bom. Ele tinha os meios de nos fazer procriar através de algo chato como um espirro. Ao invés disto, nos deu mais fogo que uma festa junina. E quando um marido e sua esposa têm relações e agradecem a Deus pelo dom do sexo, glorificam a Ele. Seu ato sexual se torna um jubilante culto!

Para nos preparar para uma grande vida sexual, precisamos compreender que a mensagem das Escrituras não é a de que devemos desdenhar do sexo, mas amar tanto o plano original de Deus que enxergaremos as perversões do mundo como revoltantes.

"Desfrutem do sexo puro!" Deus praticamente grita em Provérbios 5.18-19: "Seja bendita a sua fonte! Alegre-se com a esposa da sua juventude... que os seios de sua esposa sempre o fartem de prazer, e sempre o embriaguem os carinhos dela".

Aqui está aquela palavra novamente – cativar. Significar ficar maravilhado e prisioneiro pela beleza de algo. "Seja cativado, fique maravilhado e embriagado com o corpo de seu cônjuge", Deus nos diz. "Aprisione-se pelo verdadeiro e duradouro prazer do leito matrimonial."

Aprisionado pelo sexo ilícito

Somente quando somos cativados pela bondade do plano de Deus podemos evitar de nos tornarmos prisioneiros da imoralidade. Nós podemos estar cativos da justiça ou cativos do pecado. "As maldades do ímpio o prendem; ele se torna prisioneiro das cordas do seu pecado" (Pv 5.22). O homem e a mulher que abraçam o prazer imediato do sexo fora do casamento podem achar que estão experimentando liberdade, mas o oposto é que se mostra verdadeiro – os tentáculos do pecado estão envolvendo-os, prendendo e arrastando para a morte.

O que vamos escolher? Deus nos conclama para escolhermos a vida e o verdadeiro prazer:

> Beba das águas da sua cisterna, das águas que brotam de seu próprio poço. Por que deixar que as suas fontes transbordem pelas ruas, e os seus ribeiros pelas praças? Que elas sejam exclusivamente suas, nunca repartidas com estranhos. Por que, meu filho, ser desencaminhado pela mulher imoral? Por que abraçar o seio de uma leviana? (Pv 5.15-17, 20).

As Escrituras não negam o prazer do sexo ilícito – sim ele é bom; sim, pode ser excitante. Mas seu prazer é vazio se comparado às alegrias do amor no casamento, e tolo, tendo em vista as conseqüências que acarreta para a alma, corpo e emoções. "Dentro do casamento, o sexo é maravilhoso, completo, criativo", escreve John MacArthur. "Fora do casamento, ele é feio, destrutivo e condenador."

Qual é o pagamento do pecado sexual? Fique longe da mulher adúltera, "para que você não entregue aos outros o seu vigor nem a sua vida a algum homem cruel, para que estranhos não se fartem do seu trabalho e outros não se enriqueçam à custa do seu esforço. No final da vida você gemerá, com sua carne e seu corpo desgastados" (Pv 5.9-11).

A Bíblia está exagerando? Não, não está. Pergunte a Michelle, uma garota que conheci numa livraria cristã em Phoenix. Por vinte e dois anos ela guardou sua virgindade para seu futuro marido. Ela estava trabalhando como modelo quando conheceu um homem atraente que estava determinado a desvirginá-la. Ela brincou com ele, adorando a atenção. Então, um dia, no sofá do apartamento dele, ela cedeu aos seus avanços. Somente uma vez. Menos de uma hora de um prazer proibido. Depois ele foi embora, e ela agora é uma mãe solteira lutando para cuidar de sua filha de dois anos.

A Bíblia não está apenas sendo dramática quando diz: "No final da vida você gemerá, com sua carne e seu corpo desgastados". Pergunte ao missionário na Ásia cuja história uma pastor me contou. Ele era virgem, e tinha trinta e poucos anos quando faltava apenas dois meses para o seu casamento.

Uma noite, inflamado pela luxúria e cansado de resistir à tentação, ele se dirigiu à zona de prostituição da cidade e teve relações com uma prostituta. Somente uma vez. Somente quinze minutos num quarto escuro e apertado – um momento satisfação carnal em troca de anos de trabalho para Deus. Mas saiu dali infectado com o vírus da AIDS. Dois meses depois, involuntariamente, contaminou a noiva que paciente esperou por ele. Hoje ele geme angustiado por causa da doença que agora destrói os seus corpos.

Se esses exemplos parecem extremos, olhe nos olhos dos incontáveis homens e mulheres que não têm filhos ilegítimos, não estão doentes, mas estão tomados pela vergonha e arrependimento.

A escritora Deborah Belonick conhece muitas mulheres que uma vez "consideraram a liberdade sexual como uma grande e limpa diversão", mas que agora estão colhendo resultados amargos. Ela descreve mulheres que, agora casadas e com filhos, "não conseguem deixar que seus maridos as toquem ou segurem de certas formas porque isso faz com que se lembrem das orgias regadas à bebida em que participaram na faculdade ou no colégio. Mulheres que são inférteis por causa do dano causado por doenças sexualmente transmissíveis. Mulheres que precisam passar por biópsias para averiguar condições pré-cancerígenas pelo fato de terem possuído muitos parceiros sexuais".

Pergunte a mulheres como essas se valeu a pena. Converse com os casais que pecaram antes do casamento e que passaram anos se recuperando da amargura e desconfiança plantada no relacionamento.

E se isso tudo não for suficiente para tornar terrível a opção da imoralidade sexual, olhe nos olhos de Jesus Cristo. Ele é o único que conhece a profundidade da ira de Deus contra o pecado sexual – Ele a suportou quando esteve na cruz, amaldiçoado e esquecido por seu Pai (2Co 5.21; Gl 3.13).

Sem perdão

Parte da motivação que precisamos para nos guardarmos para o prazer do sexo puro é reconhecer que Deus está falando sério sobre punir o pecado. Não vamos nos enganar. Deus está falando *conosco*. "Deus julgará os imorais e os adúlteros" (Hb 13.4). E em 1Tessalonicenses 4.6 lemos: "O Senhor castigará todas essas práticas, como já lhes dissemos e asseguramos". Nós devemos levar isso a sério. Não podemos vacilar.

O VERDADEIRO AMOR NÃO *APENAS* ESPERA

Deus não perdoa o pecado por causa de quem nós somos ou o quão bons fomos no passado. Não importa se você viveu uma vida sexual pura por quarenta anos e então teve somente uma noite de pecado – Deus ainda odeia o ato de fornicação.

Leia sobre o caso de adultério do rei Davi com Bate-Seba em 2Samuel 11. Mesmo Deus chamando Davi de "um homem segundo o seu coração" (1Sm 13.14), Ele odiou o pecado dele e o puniu. Davi foi perdoado quando se arrependeu, mas as conseqüências de seu pecado permaneceram em sua vida. A lição que devemos aprender aqui é a de que o padrão de justiça de Deus não será relaxado para *ninguém*.

Deus não deixa passar nosso pecado por não ser tão ruim quanto o de outra pessoa. Nós sempre conseguimos achar alguém ou outro casal que é mais desobediente que nós, mas isso não muda a realidade da nossa própria desobediência. Deus não as compara num gráfico. Ele não baseia seu julgamento nos padrões populares do dia – seus padrões são imutáveis (Sl 102.27; Hb 13.8).

Deus não perdoa nosso pecado porque nos amamos e "ninguém se feriu". Você já ouviu este argumento e talvez até mesmo já o utilizou: "Somos dois adultos em consentimento. Nós nos amamos! Ambos queremos isso!". Você consegue enxergar quem está sendo esquecido na equação dos "dois adultos em consentimento"? O Todo-Poderoso criador dos corpos deles.

O apóstolo Paulo explica: "Fujam da imoralidade sexual. Todos os outros pecados que alguém comete, fora do corpo os comete; mas quem peca sexualmente, peca contra o seu próprio corpo. Acaso não sabem que o corpo de vocês é santuário do Espírito Santo que habita em vocês, que lhes foi dado por Deus, e que vocês não são de si mesmos? Vocês foram comprados por alto preço" (1Co 6.18-20).

Os alertas são sérios e não há exceções. Sim, aparentemente algumas pessoas escapam, mas haverá um prestação de contas após esta vida – "eles terão que prestar contas àquele que está pronto para julgar os vivos e os mortos" (1Pe 4.5). Cada homem e mulher que se recusa a deixar o pecado sexual e confiar em Cristo para receber o perdão um dia olhará dentro dos olhos de um Santo Juiz – e o curto prazer do pecado será esquecido, e será tarde demais para o arrependimento.

Porque o seu apetite sexual é uma bênção

"Tudo bem", você está pensando. "Eu concordo que o sexo no casamento parece ótimo, e creio que o pecado sexual conduz à morte. Mas nada disso lida com o desejo que estou sentindo agora! Deus me fez dessa forma só para me atormentar?"

Não, Ele não fez. Apesar de nosso desejo sexual parecer uma maldição, e mesmo apesar de termos de refreá-lo para nosso próprio bem, nós precisamos ter em mente que estes desejos são naturais, dados por Deus, e maravilhosos. Na verdade, eles são uma bênção, mesmo quando não podemos satisfazê-los.

Deixe-me explicar o que quero dizer. Se Deus fizesse o sexo tão indesejável que nós nunca fôssemos tentados à roubá-lo antes do casamento, ele não seria um presente muito bom, seria? Cada vez que desejarmos uma intimidade sexual antes do casamento, devemos rapidamente agradecer a Deus por nos fazer seres sexuais e por fazer o sexo tão desejável. A Bíblia diz: "O casamento deve ser honrado por todos; o leito conjugal, conservado puro" (Hb 13.4). Porque Deus fez o sexo um tesouro tão precioso é que Ele nos ordena a guardá-lo.

E Deus não somente fez o sexo bom, mas também aumenta nosso prazer ao reservá-lo para o casamento. Se nós não tivéssemos que esperar por ele, não haveria a antecipação, nenhum preparo, nenhuma excitação.

Quando era mais jovem, li a história de um garoto cujo desejo de que todos os dias fossem Natal foi concedido. Por um tempo, foi um paraíso – toda manhã ele descia voando as escadas e sempre encontrava dezenas de presentes debaixo da árvore. Mas, rapidamente, a celebração perdeu sua alegria. Não havia mais nada de especial nela e ele começou a desprezar os presentes. Pensou que iria encontrar alegria nos intermináveis Natais mas, ao invés disso, retirou do feriado todo o seu significado e prazer.

Casais que impaciente e gananciosamente experimentam o sexo fora dos limites do casamento fazem a mesma coisa. É como se fosse Natal todos os dias. O ato perde sua beleza e unicidade. Eles acabam roubando de si mesmos o que o sexo tem de melhor.

Por que Deus pede que cristãos solteiros enfrentem a luta diária de controlar o seu apetite sexual até o casamento? Uma das respostas é que Ele está comprometido com um ótimo sexo! Eu li que os resorts de lua-de-mel estão tendo que criar mais e mais atividades para os recém-casados que, como não esperaram, estão entediados com o sexo quando se casam.

Enquanto muitos casais sexualmente promíscuos se dirigem para o leito matrimonial com um bocejo, os castos pulam nele com lágrimas de prazer. Em nossa lua-de-mel, Shannon e eu não precisamos de uma agenda lotada de atividades. Raramente saíamos do quarto do hotel! Nós havíamos guardado a paixão; estávamos repletos de expectativa e puro desejo. Tudo era novo, fresco e extasiante.

Existe outra razão porque a luta pela espera pelo casamento é uma bênção. Deus não somente quer maximizar o deleite de um casal no sexo dentro do casamento, mas também quer que aprendam *juntos* a confiar nele. Quando um homem e uma mulher cristãos sistematicamente negam seus próprios desejos como uma expressão de uma mútua fé e submissão a Jesus Cristo, estão lançando uma sólida fundação para o seu casamento futuro. Estão aprendendo a lutar contra o pecado como um time, a cuidar do outro, orar pelo outro e desafiar o outro. Numa das formas mais práticas que há, estão colocando Jesus Cristo como o Senhor de seu relacionamento.

Demonstrando a profundidade de seu amor
Longe de ser uma maldição, o chamado de Deus à castidade é uma bênção. É claro que raramente nos sentimos assim, e quando estamos cheios dele, nunca é fácil. Por isso é tão importante que tenhamos um roteiro específico para seguirmos em nosso relacionamento físico. Nós precisamos de princípios que nos ajudem a alinhar nossos corações e nossas ações com os planos de Deus. Lembre-se, nosso alvo é ser cativado pelo plano de Deus para o sexo puro. O motivo do nosso domínio próprio não é o asceticismo ou piedade religiosa, mas alegria, verdadeiro prazer e a glória de Deus.

Deixe-me compartilhar alguns dos princípios que ajudaram Shannon e eu durante nossa corte e noivado.

1. Durante a corte, guardar a pureza sexual um do outro e evitar a intimidade sexual são atos de amor
Um homem e mulher cristãos que se amam devem redefinir o que o verdadeiro amor é antes de seu casamento. Eles têm que concordar que a intimidade sexual antes do casamento é *completa falta de amor*. Eles precisam renovar seu pensamento para que ambos vejam que não violar o seu futuro leito matrimonial é uma verdadeira expressão de amor.

Você quer ser romântico com a pessoa que está cortejando? Quer demonstrar sua paixão por ela com algo além de palavras? Então se guarde do pecado, lute contra a luxúria e se recuse a excitá-la sexualmente – esta é a única forma de amor sancionada por Deus na corte e no noivado.

Eu abri este capítulo com a história da minha tentação naquela rede. Afastar-me de Shannon naquele dia de verão foi a forma real que encontrei para demonstrar meu amor por ela. Eu não estava negando a realidade de meu amor ou de meu desejo sexual; eu estava aumentando-o e purificando-o ao submetê-lo a Deus. Ela apreciou aquilo. Mesmo sabendo que parte de seu coração queria que eu ficasse, ela sentiu meu amor por ela quando fugi da tentação.

"Nisto conhecemos o que é amor: Jesus Cristo deu a sua vida por nós, e devemos dar a nossa vida por nossos irmãos" (1Jo 3.16). Antes do casamento, dois amigos que não são amantes podem provar seu amor ao refrear seus próprios desejos sexuais, protegendo a pureza um do outro.

Aprendendo a reconhecer o verdadeiro afeto

Reconhecer o verdadeiro afeto pode ser difícil, especialmente se você aprendeu a igualar o sexo ao amor. Sonya tinha três anos quando seu pai se separou de sua mãe. Ela cresceu buscando o amor nos braços de vários namorados. Nunca o encontrou porque confundiu o envolvimento físico com o verdadeiro afeto. Depois de se tornar uma cristã, trouxe suas antigas percepções para seu relacionamento com Zachary. Apesar de Zachary gostar muito dela, começou a duvidar de seu sentimento porque ele não havia tentado dormir com ela. "Era um pensamento realmente distorcido", ela diz. "Eu finalmente encontrei um rapaz que realmente me amava, e não sentia esse amor porque ele não havia tentado me usar como todos os meus antigos namorados."

Foi preciso muita comunicação, oração e liderança da parte de Zachary para ajudar Sonya a mudar o seu pensamento. Ela começou a enxergar que a falta de um relacionamento físico não era falta de amor, mas um sinal da sua presença. Ela também teve que trabalhar em seu arraigado costume de buscar nos homens, ao invés de em seu Pai Celestial, conforto e segurança.

É importante que em seu relacionamento nenhum dos dois testem as convicções do outro ou tentem a outra pessoa à violar os seus padrões.

Brad continuamente tentou convencer sua namorada, Allison, com pedidos de "apenas um beijo", apesar de terem concordado que iriam guardá-los para o noivado. Nós nunca devemos esperar que a outra pessoa seja a mais forte da relação e forçá-la a suportar o peso da tentação. Que falta de amor! Antes do casamento, o verdadeiro amor é expresso através dos atos de se guardar e se refrear.

Não tente barganhar

Uma parte essencial do planejamento para o sexo puro na corte e no noivado é compreender a mentira da luxúria. O princípio número 2 pode lhe dar uma forma de lutar contra ela.

2. A *luxúria nunca está satisfeita*

A luxúria quer que nós creiamos que pode nos fazer felizes e que, se dermos o que deseja, parará de nos importunar e ficará feliz. Não acredite nisto. A luxúria nunca está satisfeita. Você não pode barganhar com ela e levar vantagem. A luxúria seqüestra o sexo. Ela quer treinar seus desejos a terem prazer na emoção do que é proibido para que você perca o seu santo apetite pelo que é bom.

Ray e Angelina dormiram um com o outro durante o seu noivado de nove meses. Era tão bom, como poderia estar errado? "Era incrível. Havia uma paixão animal entre nós", Ray diz. Eles justificaram sua fornicação ao dizer que o seu sexo "elétrico" confirmou que eles deveriam se casar. E eles assumiram que a prática extra na cama só traria benefícios no futuro. Eles estavam errados. Barganharam com a luxúria, e perderam tudo.

Um ano e meio depois do casamento deles, toda a paixão desapareceu de sua vida sexual. Infelizmente, eles voltaram a barganhar com a luxúria e começaram a alugar filmes pornográficos para "aumentar" a paixão. Não funcionou. O quanto mais se inflamavam com a luxúria, menos satisfeitos se sentiam. Agora Ray está vendo pornografia na internet e lançando um olhar cobiçador sobre as mulheres de seu local de trabalho. Mais uma vez, a luxúria está dizendo que o "que ele realmente precisa" é algo que não tem.

A história de Ray e Angelina é uma prova de que o casamento estraga o sexo? Não, é outro triste exemplo da *luxúria* estragando o sexo. Durante o seu noivado eles aprenderam a ter prazer no que era proibido. Eles não estavam sendo conduzidos por uma paixão pelo o que o sexo puro possui de bom; a paixão era alimentada pela pecaminosa emoção da luxúria. Quando se casaram e o sexo se tornou algo bom e puro, não mais o desejavam.

Não tente barganhar com a luxúria. Matem-na. Não passem o período da corte se rendendo à ela – em sua mente e em suas ações – e aprendendo a sentir prazer no pecado ao invés da justiça. Quando você fizer isso, nunca mais conseguirá encontrar a verdadeira satisfação. Para mais ajuda na luta contra a luxúria eu escrevi o livro Sex Is Not the Problem – Lust IS (Sexo não é o problema – a luxúria é) para homens e mulheres que desejam a pureza sexual.

Quando a fantasia vai longe demais

É tentador, durante a corte, e especialmente durante o noivado, começar a fantasiar relações sexuais com o seu futuro cônjuge. Tome cuidado para que está alegre antecipação centrada em Deus não se transforme num luxúria desenfreada. Mesmo sabendo que não é fácil, você ainda precisa guardar o seu coração. Não é certo fantasiar sobre a imoralidade sexual, e é muito fácil passar de "imaginar a noite de núpcias" para a fantasia pecaminosa.

Durante nosso noivado, lutei muito com os pensamentos sexuais sobre Shannon, que tinha logo de manhã. Isso sempre acontecia quando acordava. Se eu me permitisse ficar na cama por uns cinco minutos a mais e sonhar como um dia estaria acordando do lado dela, a luxúria geralmente levaria a melhor – não naquele momento, mas depois, no modo como eu a trataria quando estivéssemos juntos. Ao invés de cair freqüentemente, pela graça de Deus eu estava comprometido a combater a luxúria. Eu sabia que no momento em que parasse de lutar contra minha natureza pecaminosa e começasse a acreditar nas mentiradas da luxúria, estaria perdido.

É por isso que eu pulava da cama e clamava a Deus por graça nos meus momentos de fraqueza. É por isso que prestava contas ao meu colega de quarto, Andrew, e meu pastor sobre meus pensamentos. É por isso que, quando os pensamentos sexuais sobre Shannon apareciam, eu fazia o máximo para mudar o foco e começava a agradecer a Deus pelo que o nosso futuro prometia e pedia a ajuda dele para ser mais paciente e forte durante o tempo de espera.

Faixas amarelas

A realidade do pecado interior e o engano da luxúria são as razões porque este próximo princípio é tão importante. Para lutar e evitar o pecado sexual, nós precisamos de um plano de ação. Este princípio nos ajuda a conectar nossas convicções com nossas ações.

3. *Regras específicas para o seu relacionamento nunca devem substituir uma humilde confiança no Espírito Santo – mas elas podem reforçar suas convicções bíblicas*
Todo casal precisa pesquisar nas Escrituras e criar regras específicas sobre o que irão e não irão fazer em seu relacionamento físico.

Estas regras nunca devem se tornar substitutas da oração e da constante confiança no Espírito Santo. Pelo contrário, devem ser vistas como uma expressão de um desejo sincero de agradar e obedecer a Deus. Uma definição muito vaga de retidão rapidamente abre espaço para "exceções".

As regras que você e seu namorado ou namorada criarão serão como as faixas amarelas que dividem uma estrada. Elas podem impedi-lo de pecar? Não. Elas negam a importância da cuidadosa avaliação de seu coração e de seus motivos? Também não. Mas ainda assim são importantes. Nós precisamos das faixas amarelas na estrada, mesmo elas não podendo impedir um carro de entrar na contra-mão e colidir de frente com outro veículo. Apesar de as faixas serem incapazes de impedir um motorista que queira ignorá-las, elas ajudam os motoristas que querem evitar o perigo.

É importante termos em mente: nós não podemos *começar* criando as regras. Nosso ponto de partida deve ser um desejo no coração de honrar a Deus com nossos corpos e de servir um ao outro. Paulo estava certo quando disse que as regras que se originam somente de tradições humanas e pretendem glorificar a piedade humana "não têm valor algum para refrear os impulsos da carne" (Cl 2.23). Somente o poder do Espírito Santo trabalhando em nós pode operar mudanças. Somente pela sua graça podemos aprender a dizer não à impiedade (Tt 2.12).

Mas este é o ponto onde muitas pessoas interpretam e aplicam erroneamente esta passagem. Uma parte importante de receber e aplicar a graça de Deus em nossas vidas é estabelecer um comportamento que fuja da tentação e mate o pecado. Isto envolve estabelecer regras – sim, diretrizes – que nos ajudem. Estas regras não são nossa esperança, elas não nos farão merecer o amor de Deus e não são nosso ponto de partida; mas podem nos ajudar a colocar em ação as nossas convicções.

Nossas regras

Depois de nosso "cochilo" na rede, percebi que Shannon e eu precisávamos de regras mais rígidas e específicas para nosso relacionamento físico. Nós prestávamos contas ao amigos, mas não tínhamos deixado claro o que realmente devíamos obedecer. Era tudo subjetivo. "Como vocês dois estão ultimamente?", meus pais perguntavam. "Hum, acho que estamos muito bem... eu acho", eu respondia, tentando me lembrar se me sentia culpado sobre alguma coisa que havia acontecido recentemente. Ao olhar para os quatro meses que ainda faltavam para nosso casamento, eu sabia que ia ficar cada vez mais difícil nos mantermos fiéis às nossas convicções.

Deixe-me compartilhar algumas regras que nós criamos. Ao fazer isso, não estou dizendo que vocês devam segui-las. Vocês deverão desenvolver suas próprias convicções e regras a partir das Escrituras, porque terão diferentes lutas e fraquezas. O que eu quero ilustrar é o quanto é importante que elas sejam *específicas*.

Nós nos importamos um com o outro. Por isso, *não*:

- Massagearemos as costas, pescoço ou braços do outro.
- Tocaremos a face do outro.
- Brincaremos com o cabelo do outro.
- Esfregaremos os braços ou costas do outro.

Nós não vamos nos "acariciar". Por isso, excluímos:

- Sentar agarradinhos quando assistimos um filme.
- Reclinar ou deitar sobre a outra pessoa.
- Deitarmos juntos.
- Lutar de brincadeira um com o outro.

Nós iremos resguardar nossas conversas e pensamentos. Isso significa:

- Não conversar sobre nosso relacionamento físico futuro.
- Não pensar ou fantasiar algo pecaminoso.
- Não ler prematuramente coisas relacionadas com a intimidade física dentro do casamento.

Nós não iremos passar muito tempo juntos quando for tarde. Uma área específica de preocupação para nós é o tempo juntos tarde da noite. Ficamos mais vulneráveis quando estamos cansados. Mesmo se não tiverem cedido, perguntem-se se estão passando muito tempo juntos tarde da noite.

Expressões físicas apropriadas durante este período incluem:

- Dar as mãos.
- Josh colocar seu braço ao redor do ombro de Shannon.
- Breves "abraços laterais".

Essas regras são "cercas" que evitam que violemos os mandamentos de Deus.

Nossa maior preocupação é a direção e a intenção de nossos corações. Mesmo se estamos seguindo-as ao pé da letra, por favor, perguntem se qualquer ação ou atividade está alimentando um desejo inapropriado ou despertando o amor antes que seja a hora.

Olhando para estas regras agora, eu sorrio. Elas são extremamente detalhadas. Mas naquele período específico de nosso relacionamento, elas eram o que precisávamos para permanecermos firmes em nossas convicções. Apesar de serem embaraçosas, nós demos uma cópia dessas regras aos meus pais, ao meu pastor e sua esposa, um casal que éramos íntimos, ao meu melhor amigo e às três colegas de quarto de Shannon. Nós não queríamos nenhum lugar seguro onde pudéssemos ceder. Nós queríamos que todos em nossas vidas conhecessem nossos padrões e nos ajudassem a mantê-los. Eles fizeram isso. As colegas de quarto de Shannon colocaram nossas regras na geladeira delas!

Deixe-me dizer novamente: meu alvo em compartilhar nossa lista de regras não é o de vocês adotarem-na. Vocês talvez sejam capazes de fazer algumas destas coisas com uma consciência limpa perante Deus. Quaisquer que sejam as regras que criem, elas devem ser baseadas em claros ensinamentos das Escrituras e em uma convicção sincera de que podem ser seguidas com alegria.

Eu os encorajo a separarem logo um tempo para "pintar as faixas amarelas" no relacionamento. Elas não são necessárias quando vocês estão se sentindo fortes e espiritualmente em forma – vocês precisam delas para os momentos em que a resistência está fraca e a consciência dúbia. Nestes momentos de fraqueza, vocês não vão querer decidir sobre o que devem ou não fazer. Se vocês fizerem esse tipo de escolha quando estiverem nesses momentos, acabarão cedendo.

Dando importância às pequenas coisas

Então como vocês determinam o que devem ou não fazer em seu relacionamento antes do casamento? Este próximo princípio pode ajudá-lo a formular suas próprias regras.

4. Quanto maior for a sua lista de coisas "não tão importantes", menor será a sua lista de "coisas especiais" no casamento
Este princípio nos lembra que devemos basear nossas decisões do que fazemos e não fazemos em nosso relacionamento físico num desejo de maximizar a alegria e o prazer do sexo dentro do casamento.

Vários casais gastam muito tempo das fases do namoro e noivado convencendo-se de que coisas como o beijo e toques sexuais "não são grande coisa". Quando finalmente chegam ao leito nupcial, não há muito o que pode ser considerado único e especial no casamento. Eles perdem bastante com isto!

Eu já comentei que Shannon e eu decidimos guardar o nosso primeiro beijo para o dia do casamento. Este é outro exemplo de uma ação que não possui nenhum significado a não ser que esteja sustentada por um desejo de glorificar a Deus e servir um ao outro. Eu não encorajo casais a tomarem este ou qualquer outro compromisso para que possam se sentir moralmente superiores às outras pessoas. Também não acho que este deve ser um teste para se verificar a santidade dos relacionamentos. Como você já viu, eu pequei mais em meu coração sem beijar Shannon do que muitos garotos que beijam suas namoradas. A questão mais importante é o nosso motivo e o nosso coração perante Deus.

Mas deixe-me compartilhar o porquê de Shannon e eu termos tornado o beijo algo importante. Primeiro, ambos já haviam tido relacionamentos anteriores onde havíamos beijado outras pessoas. Nós sabíamos o quanto ele era sem sentido quando separado de um verdadeiro amor. Nós queríamos "redimir" o beijo, se você quiser chamar assim, e torná-lo um privilégio do casamento. Segundo, nós compreendíamos a natureza progressiva do envolvimento sexual. Não queríamos começar algo que não podíamos terminar. Quando os lábios de um homem e uma mulher se encontram, e quando as línguas penetram na boca um do outro, o processo deles se tornarem um já começou.

É um pacote
Outra forma de dizer isso é que nós visualizávamos o beijo como parte de um pacote de união sexual. E nós não queríamos separar o

ato sexual em estágios para que pudéssemos aproveitar mais e mais dele fora do casamento.

Muitos casais cristãos possuem a convicção de que o sexo deve ser guardado para o casamento. Infelizmente, o que eles querem dizer é que estão guardando o ato sexual para o casamento. Você consegue perceber o quanto isso é enganoso? O sexo é muito mais do que a penetração. Como John White diz perfeitamente: "Definir o coito em termos de penetração e orgasmo tem tanto significado moral e dificuldade lógica quanto tentar definir uma barba pelo número de pelos num queixo". Ele prossegue explicando a tolice que é tentar dividir a paixão do sexo em estágios:

> Eu sei que os especialistas costumam distinguir as carícias em leves e pesadas, e as carícias pesadas do ato sexual, mas existe alguma diferença moral entre duas pessoas nuas se acariciando na cama até o orgasmo e outras duas tendo relações sexuais? Um ato é um fio de cabelo menos pecaminoso do que o outro?
> Talvez seja mais santo se acariciar com roupas então? Se é, o que então seria pior, se acariciar sem roupas ou ter relações sexuais com roupas?
> Você pode me acusar de ser simplório. Longe disso. Se analisarmos o argumento o suficiente, veremos que uma abordagem sobre a moralidade do sexo antes do casamento que seja baseada em detalhes de comportamento (beijo, vestido ou não, tocar, olhar, segurar) e partes do corpo (dedos, cabelo, braços, seios, lábios, genitais) pode satisfazer apenas um fariseu Um olhar pode ser tão sensual quanto um toque, e um dedo roçando levemente o rosto tão erótico quanto a penetração.

O VERDADEIRO AMOR NÃO *APENAS* ESPERA

Num brilhante artigo "(Don't) Kiss Me" (Não me beije), Bethany Torode aponta que o problema existente em muitos cristãos é que "não reconhecemos a intimidade sexual como um pacote". Bethany compartilha as convicções sobre o beijo e desafia os cristãos a separar um tempo para analisar o profundo significado de algo que muitos de nós aprendeu a tratar como sem muita importância. Ela escreve:

> Estou no segundo ano da faculdade e nunca beijei ninguém. Poucos meses depois de ter feito 16 anos, fiz um voto de manter meus lábios "selados" até que um homem prometesse a se comprometer com o pacote completo. Meu primeiro beijo será no meu marido no dia do nosso casamento. Sim, é uma progressão e tanto, de um beijo totalmente inexperiente para toda a noite de núpcias. Sim, meus amigos já me falaram isso. Ainda assim, Adão e Eva conseguiram descobrir como tudo funcionava.

O que Bethany e muitos outros cristãos estão descobrindo é que quando estamos falando do relacionamento físico, "o começo e o fim da paixão são inseparáveis". Nós é que temos a perder quando tornamos qualquer forma de relacionamento físico algo sem muita importância. Até mesmo nosso beijo deve ser cheio de um desejo de glorificar a Deus e de ser cativado pelo sexo dentro do casamento. Bethany continua:

> Deus nunca quis que o período do noivado fosse um período de experimentação física, para dar uma olhadinha por debaixo do papel de presente. O beijo – que rapidamente se torna apaixonado quando você está

amando – possui uma eletricidade que tem a função de iniciar um incêndio. No Antigo Testamento, a palavra hebraica para o beijo (*nashaq*) deriva da raiz que significa "incitar". Eu não quero abrir a porteira.

Nós vemos esta verdade refletida nas Escrituras e na literatura. Cântico dos Cânticos 8.4 diz para não incitarmos o amor até que seja o momento certo. Os contos de fada *Bela Adormecida* e *Branca de Neve* possuem um profundo significado simbólico. Um beijo é (e deve ser) um despertar. Eu quero esperar meu noivo; eu quero que ele esteja adormecido para mim até que sejamos um perante Deus. Existem outras formas de demonstrar afeto sem despertar a paixão.

Você pode beijar para a glória de Deus antes do casamento? Tenho certeza de que existem muitos casais que podem. Mas se você perceber que não pode, esteja disposto a se refrear. Pergunte a si mesmo: "Por que é tão importante beijar agora? É o meu coração pecaminoso me enganando? Estou sendo motivado pela luxúria?". O que importa é o nosso motivo, e os frutos de nossas ações.

Até mesmo atrizes pornôs criam regras
Eu encorajo você a tornar todas as partes que puder de seu relacionamento físico em partes preciosas e importantes do casamento. Certa vez, li uma matéria num jornal que citava uma mulher que havia estrelado muitos filmes pornográficos. Surpreendentemente, esta mulher havia estipulado em seu contrato que nunca deveria beijar os atores com quem fazia sexo diante das câmeras. Por que uma mulher que entrega seu corpo a todas as formas de perversão sexual iria se importar com um beijo? A resposta que deu foi a de

que o beijo era uma das únicas poucas coisas íntimas e preciosas que ela podia reservar para seu namorado.

Eu quis chorar quando li aquilo. Eu pensei em todos os homens e mulheres que ficaram chocados, e até mesmo melindrados, pela minha decisão de não beijar minha esposa até que estivéssemos casados. "Beijar não tem nada de mais!", eu ouvi várias e várias vezes. Então quem está certo? Eles ou a estrela pornô? Eu creio que ambos estão errados. Nós não podemos manter certas partes de nossa intimidade sexual importantes e cheias de significado e outras não – *todas* são preciosas! É tão ridículo dizer: "É apenas um beijo!", quanto dizer: "É apenas uma relação sexual!". Ambos são partes do maravilhoso e misterioso presente do sexo, que Deus criou para que maridos e mulheres pudessem se tornar "uma só carne". Vamos considerá-lo precioso como um todo!

Bom de cama

O medo que muitos alimentam de não ter um relacionamento físico antes do casamento é o de que serão desajeitados e inexperientes em sua noite de núpcias. Adivinhe só? Não há problema você ser desajeitado e inexperiente. Isso só significa que você vai precisar praticar durante bastante tempo após o casamento.

Eu recebi um e-mail de uma garota chamada Rita, que estava muito preocupada com minha decisão de não beijar Shannon até que nós estivéssemos casados. Ela havia conversado com uma amiga que lhe havia dito que, sem *alguma* forma de interação física antes do casamento, poderia haver problemas em nossa vida sexual. Shannon poderia sentir que estava sendo estuprada, e eu talvez não conseguisse me excitar após ter controlado o meu desejo por tanto tempo (nenhuma das duas situações aconteceu, para dizer a verdade).

Eu respondi a Rita dizendo que a transição que um casal faz entre a fase de nenhum contato físico e a consumação total *é* importante, mas deve ser feita após o casamento, não antes dele. Não existe nenhuma regra que diz que os recém-casados devem ter sexo em sua primeira noite juntos. Eles podem se aquecer lentamente. Podem demorar o quanto for necessário para se acostumarem a beijar e tocar o outro. Podem se acostumar a ficarem nus juntos. Eles não precisam ter relações sexuais imediatamente (apesar de eu ter encontrado poucos casais que tivessem problemas em se sentir prontos rapidamente).

O ponto é que o foco de ambos (especialmente o homem) é o de servir a outra pessoa, e não exigir satisfação. Parte da beleza de um casamento cristão entre dois companheiros que não conhecem o outro sexualmente é a experiência mútua de descoberta e aprendizado. "Eu não planejo ser um 'expert' na cama quando me casar", contei para a garota que havia me escrito. E este não deve ser o alvo de ninguém. Nossa preocupação principal como cristãos deve ser a pureza diante de Deus, não sermos amantes experientes quando nos casarmos.

O mundo transformou o sexo num esporte que deve ser avaliado e visto como a patinação artística. O que ele não possui de verdadeiro amor deve ser suprido por uma obsessão pela performance. Que triste troca! Quem se importa se o seu parceiro tem o "melhor orgasmo" se nenhum de vocês dois se importa com o outro?

Um dos melhores presentes que você pode dar ao seu futuro marido ou esposa é a certeza de que ele não precisa ser um expert na noite de núpcias. Que oportunidade maravilhosa vocês terão para confiar em Deus juntos – e dizer a Ele: "Senhor, nós cremos que o Senhor é bom e que o seu plano para o sexo é o melhor. Nós confiamos tanto que estamos dispostos a nos apresentar em nossa noite de núpcias como novatos. Sem nenhuma prática, sem experiência, somente com um desejo de aprender e nos alegrarmos nas novas descobertas que iremos fazer".

Mas nós seremos compatíveis? Se vocês se amam e estão dispostos a aprender e a responder gentilmente aos desejos de seu amante, com certeza serão. Somente o egoísmo e o pecado tornam duas pessoas sexualmente incompatíveis.

Os melhores presentes de casamento

O verdadeiro amor planeja. Você realmente se preocupa com o outro? Então passe a sua corte guardando a paixão e planejando um emocionante sexo, que glorifique a Deus. A coisa mais importante que você pode fazer durante este tempo é aprender a pensar biblicamente sobre o sexo, amar o plano de Deus e lutar contra a luxúria e a impaciência que existem dentro de você e irão tentar destruí-lo.

O esforço com certeza vai valer a pena. Cada vez que você sente que está *negando* a si mesmo, está, na verdade, *abençoando* a si mesmo. Cada vez que você se afasta da tentação e se recusa a alimentar as chamas da paixão prematuramente, está enviando a si mesmo os melhores presentes que vai receber no dia de seu casamento – presentes de confiança, respeito e paixão crescente.

Parte 3
Antes de dizer "eu aceito"

Capítulo Dez

QUANDO SEU PASSADO BATE À PORTA

Como você pode enfrentar pecados sexuais passados e experimentar o perdão de Deus

O passado. Estranho, não é? Muito do que quer se lembrar desvanece como um sonho. Mas e o que *não quer* se lembrar? Isto permanece a vida inteira. As lembranças e a culpa de um pecado passado perseguem você. Quando parece que finalmente as deixou para trás, elas aparecem à sua porta – para relembrar, provocar e condenar.

O passado bateu à porta de Shannon quase na mesma época em que começamos nosso relacionamento. Apesar de viver uma vida casta após ter se tornado cristã, três anos antes, ela se arrependia de escolhas que havia feito antes da sua conversão. Ela perdeu sua virgindade aos catorze anos. Durante o tempo do ensino médio e da faculdade, raramente estava sem namorado. Vivia o prazer do momento. Era descuidada e até mesmo imprudente.

Ninguém lhe conta sobre a dor e a culpa ao fim de tudo, ela freqüentemente pensava. Se ela soubesse as conseqüências de suas escolhas. Se soubesse como não há como reaver a inocência perdida.

Agora o momento que ela temia chegara. Tinha que olhar em meus olhos e falar as palavras que sabia que iriam me machucar. "Por favor, prepare o coração de Josh para o que eu preciso lhe dizer", ela suplicou a Deus em seu diário. "Senhor, se ele decidir que não pode me tomar como sua esposa, ajude-me a lembrar que tu és minha rocha e meu conforto. Meu passado pertence a ti."

Seus olhos estavam cheios de tristeza na noite em que me informou que precisávamos conversar sobre o que descreveu como "coisas ruins". "Podemos conversar agora?", eu perguntei.

"Não", ela disse. "Vamos esperar até amanhã."

Eu a peguei na noite seguinte e nós fomos até um restaurante mais reservado em Bethesda, chamado Thyme Square. Vegetais coloridos estavam pintados na parede; o pão era servido em vasos de flores. Em qualquer outro momento nós teríamos apreciado a decoração, mas naquela noite nossos corações estavam pesados.

"Eu quero que saiba", ela começou, "que se você decidir que precisa terminar nosso relacionamento depois do que ouvir o que tenho a dizer, eu não me oponho".

"Shannon..."

"Eu estou falando sério", ela disse. Uma lágrima escorreu sobre o seu nariz. Nós dois estávamos em silêncio. A comida chegou, mas nós mal percebemos. Quando a garçonete veio para ver se queríamos mais alguma coisa, ela levantou as sobrancelhas quando viu os pratos ainda sem serem tocados e, percebendo que precisávamos de privacidade, foi embora.

O guardanapo ensopado de lágrimas de Shannon estava jogado na mesa, à sua frente. Abriu a boca para tentar novamente, mas sua voz não saiu e ela curvou sua cabeça. Não conseguia dizer o que precisava. Era difícil demais. As palavras eram pesadas demais, e ela se sentia muito fraca.

"Desculpe-me", ela sussurrou.

"Está tudo bem", eu disse. "Não há pressa."

O mais triste e o mais feliz

Nós gastamos o tempo que precisávamos. As palavras finalmente vieram. Quando Shannon me disse que não era mais virgem, eu lhe afirmei que isso não mudava os meus sentimentos em relação a ela. Eu lhe disse que, apesar de nunca ter feito sexo, eu havia comprometido minha pureza com garotas no passado. Eu também lhe pedi perdão. Nós dois choramos.

Esta conversa foi o começo de uma difícil jornada de fé para nós. Mas durante o caminho, Deus nos susteve e guiou. Se você está enfrentando circunstâncias semelhantes, sei que Ele pode fazer o mesmo por você.

Apesar de ser dolorosa, uma parte importante do processo de começar uma nova vida com a pessoa que você ama é trabalhar as conseqüências de suas escolhas passadas. Isso não significa que você tem de desenterrar todos os detalhes sórdidos, mas que precisa enfrentar honestamente o efeito que seu passado pode ter em seu futuro. Como os autores de *Preparing for Marriage* (Preparando-se para o casamento) sabiamente disseram: "É melhor falar a verdade antes do casamento do que viver com o medo, o engano e a vergonha que acompanham o ato de esconder a verdade de seu parceiro".

A não ser que você seja honesto sobre o seu pecado no passado, não será capaz de entender os desafios em potencial que irá enfrentar por causa disso. E vocês também não serão capazes de se firmar na graça sustentadora de Deus.

Este capítulo trata de como a morte de Jesus na cruz nos capacita a enfrentarmos o nosso passado. Ele irá ajudá-lo a conhecer o perdão de Deus *pessoalmente* e a *estender* o perdão aos outros.

Então, apesar deste capítulo de alguma forma ser o mais triste do livro, ele também é o mais feliz. Ele lida com os efeitos quebrantadores do pecado; mas, mais importante, magnifica o amor de nosso Deus remidor – um Deus cuja graça é *maior* do que qualquer coisa que exista em nosso passado. Apesar de as próximas páginas poderem trazer dolorosas lembranças, meu alvo é torná-lo mais ciente da graça de Deus do que do seu próprio pecado.

Por que a cruz?

"Eu estraguei o plano perfeito de Deus pra mim?", uma garota de dezenove anos chamada Blaire me perguntou numa carta. Depois de um término de namoro difícil, ela se sentiu amargurada com Deus e se rebelou contra Ele ao ter relações sexuais com um rapaz que mal conhecia. Estava angustiada pelas conseqüências de sua fornicação. Havia acabado com o seu sonho se manter virgem até sua noite de núpcias – também o havia roubado de seu futuro marido. Algum homem santo iria querê-la depois disso tudo?

"Eu me entreguei a alguém que nem mesmo amava!", ela escreveu. "Deus ainda me quer em seu reino? Como pode usar alguém tão impura? Ainda me ama, mesmo eu tendo dado as costas a Ele, a minha família e a tudo no que deveria crer? É tarde demais para mim?"

Você pode se encontrar nas perguntas de Blaire? Você se arrepende de pecados que cometeu? Já parou para pensar se Deus realmente pode perdoá-lo? E se Ele perdoa, é sincero? Ou sempre irá olhar para você desconfiado? Você está numa condicional para a vida toda? Deus está se apegando aos seus pecados passados, pronto para despejar o julgamento ao menor erro?

"Eu me arrependi, e sei que a Bíblia diz que estou perdoado", um rapaz chamado Tony me disse. "Mas algumas vezes eu acho que Deus está me mantendo solteiro para me punir pelos meus pecados sexuais na faculdade. Cada vez que um amigo meu se casa, sinto que Ele está esfregando isso na minha cara."

É assim que Deus age? *Não, não é.*

O perdão de Deus é fingido? *Não, não é.*

As pessoas que pecaram sexualmente estão condenadas para sempre a ser deixadas de lado na família de Deus? *É claro que não!*

Muitos cristãos crêem nestas mentiras e vivem em condenação porque baseiam sua compreensão do perdão num entendimento errado de quem Deus é. O maior impedimento à compreensão do perdão de Deus é a ignorância sobre Ele. Se nosso conhecimento do caráter de Deus é vago e confuso, nossa confiança em seu perdão também será.

A verdade é que não é tarde demais para *ninguém* que está pronto para se arrepender ser perdoado (1Jo 1.9). Deus está renovando as pessoas (2Co 5.17). Ele quer dar a você "esperança e futuro" (Jr 29.11). Ele quer que você tenha certeza do amor dele por você. E é por isso que o chama para contemplar a Cruz.

O grande resgate

O que a morte de Jesus na cruz tem a ver com vencermos nossos pecados sexuais passados? Como uma cruel crucificação que aconteceu há dois mil anos pode ajudar quando o seu passado bate à porta *agora*?

A resposta é que a Cruz é o plano *de Deus* para libertar você da culpa e punição do seu pecado passado. Na Cruz vemos a profundeza de nossa depravação e quão grande é o maravilhoso amor de Deus por nós. Nós presenciamos tanto a terrível intensidade da justa ira de Deus e sua indescritível misericórdia e amor pelos pecadores.

Por que a Cruz?

Porque os pecadores não têm outra esperança.

Por que a Cruz?

Porque ela é a prova irrefutável de que nós *podemos* ser perdoados.

Vamos admirá-la juntos. Enquanto nos aproximamos, não assuma que você já conhece ou compreende tudo o que aconteceu ali. Aproxime-se da Cruz como se fosse a primeira vez. No livro *When God Weeps* (Quando Deus chora), Steven Estes e Joni Eareckson Tada fazem o seguinte relato da morte de Cristo. Enquanto você lê, recuse-se a deixar que a cena se torne familiar. Deixe a sua realidade chocá-lo e quebrar seu coração:

> A face que Moisés implorou para ver – e que foi proibido – estava ensangüentada (Êx 33.19-20). Os espinhos que Deus haviam enviado para amaldiçoar a rebelião da terra agora estavam retorcidos sobre a sua própria face...
> "Para trás!" Alguém levanta um martelo para acertar o prego. Mas o coração do soldado precisa continuar batendo enquanto ele posiciona o pulso do prisioneiro. Alguém deve suster a vida do soldado minuto a minuto, pois nenhum homem possui poder por conta própria. Quem dá o fôlego aos seus pulmões? Quem dá energia à suas células? Quem mantém suas moléculas unidas? Somente através do Filho que todas as coisas une (Cl 1.17). A vítima deseja que o soldado continue a viver – ele concede ao guerreiro a sua existência. O homem desfere o golpe.
> Enquanto ele desfere o golpe, o Filho se lembra quando Ele e o Pai criaram pela primeira vez o nervo mediano do antebraço humano – as sensações que seria capaz de produzir. O projeto se mostra impecável – o nervo se comporta perfeitamente. "Para cima!" Eles levantam a cruz. Deus está exposto em suas roupas íntimas e mal consegue respirar.

Mas estas dores são somente um aquecimento para sua outra crescente morte. Ele começa a sentir uma sensação diferente. Em algum momento do dia um odor estranho começou a surgir, não em seu nariz, mas em seu coração. Ele se *sente* sujo. A impiedade humana começa a impregnar o seu imaculado ser – vivo excremento saído de nossas almas. A menina dos olhos de Deus se torna um ser desprezível.

Seu Pai. Ele deve enfrentar seu Pai dessa forma!

No céu, o Pai agora se levanta como um leão incomodado, balança sua juba, e ruge contra o resto do homem que está pendurado na cruz. Nunca o Filho viu o Pai olhá-lo desta forma, Ele nunca sentiu este bafo quente sobre si. Mas o rugido estremece o mundo invisível e escurece o céu. O Filho não reconhece estes olhos.

"Filho do Homem! Por que se comportou assim? Você enganou, cobiçou, roubou, fofocou – assassinou, invejou, odiou, mentiu. Amaldiçoou, comeu demais, gastou demais – fornicou, desobedeceu, blasfemou. Oh, as obrigações que você não cumpriu, as crianças que abandonou! Quem ignorou os pobres, foi covarde, falou meu nome em vão? Você *alguma vez* conteve sua língua? Seu bêbado imprestável – *você*, que molesta garotos, vende drogas que matam, zomba de seus pais. Quem lhe deu a ousadia de fraudar eleições, fomentar rebeliões, torturar animais e adorar demônios? A lista não acaba! Dividindo famílias, estuprando virgens, contrabandeando, agindo como cafetão – comprando políticos, filmando pornografia, aceitando suborno. Você queimou prédios, cometeu atos terroristas, fundou falsas religiões, comerciou escravos – contando cada centavo e se vangloriando em tudo. Eu odeio, desprezo estas coisas em você! O desgosto por todas estas coisas em você me consome! Você consegue sentir a minha ira?"

É claro que o Filho é inocente. Ele não possui culpa em si mesmo. O Pai sabe disso. Mas este par divino possui um acordo, e o impensável agora acontece. Jesus será tratado como se fosse pessoalmente responsável por cada pecado cometido.

O Pai observa o tesouro de seu coração, a imagem refletida de si mesmo, afundar em podre pecado líquido. A ira acumulada de Jeová contra a humanidade durante séculos explode numa única direção.

"Pai! Pai! Por que me desamparaste?!"

Mas o céu não ouve. O Filho olha para cima para Aquele que não pode, não irá, ouvir e responder.

A Trindade havia planejado isso. O Filho suportou isso. O Espírito o capacitou. O pai rejeitou o filho a quem amava. Jesus, o Deus-homem de Nazaré, pereceu. O Pai aceitou o seu sacrifício pelo pecado e estava satisfeito. O resgate estava completo.

Não se afaste rapidamente desta cena. Continue a admirar.

O resgate pago ali foi por você. John Stott escreve: "Antes que possamos começar a ver a Cruz como algo feito *para* nós (nos conduzindo à fé e à adoração), temos que vê-la como algo feito *por* nós (nos conduzindo ao arrependimento)... Assim, quando vislumbramos a Cruz, podemos dizer tanto '*Eu* fiz isso, meu pecado o enviou ali' e '*Ele* fez isso, seu amor o levou ali'".

Você viu as suas próprias ofensas na lista de pecados que precisavam da Cruz? Se não, as nomeie você mesmo. Nomeie o seu pior pecado. Agora reflita no fato de que Cristo suportou a punição por *esse* pecado. Ele sofreu a punição que você merecia. Você consegue sentir seu apaixonado amor direcionado a *você*? Ele morreu por você. Ele foi condenado e amaldiçoado para que você ficasse livre – Ele foi esquecido por Deus para que você nunca fosse esquecido (Hb 13.5).

Isto é o que a morte de Jesus na cruz tem a ver com o seu pecado sexual passado.

O que não funciona

Antes de podermos receber a graça e perdão mostrados através da morte remidora de Cristo, temos que esquecer os pensamentos e tipos de vida *errados* que muitos de nós adotamos – formas erradas de tentar lidar com o pecado longe da Cruz.

Vamos olhar três formas erradas e ineficientes com as quais o homem tenta lidar com o pecado passado e compará-las com a forma completamente diferente que Deus revelou no calvário.

1. Minimizar o pecado
O homem tenta minimizar o pecado. Nós tentamos escapar de nossa culpa fingindo que o que fizemos não foi tão ruim. Mudamos nossos valores morais para que eles se adaptem ao nosso comportamento. Subestimamos o pecado e nunca lhe damos o nome que merece. Ao invés disto, dizemos que éramos "ousados" quando jovens. Culpamos nossos invisíveis e incontáveis "hormônios" por nossas atitudes. O pecado não era muito grave, dizemos a nós mesmos. Além do mais, "somos humanos".

Mas a Cruz declara que o *pecado é algo sério*. Deus nunca o subestima. O pecado sexual é o abuso de nossos corpos, que foram feitos à imagem dele – e isso é alta traição contra nosso Todo-poderoso Criador. Na verdade, é algo tão sério que a única forma dele ser tratado corretamente é nós, pecadores, passarmos a eternidade no inferno, ou o Filho do Homem receber a ira completa de Deus em nosso lugar. A Cruz mostra que nosso pecado e nossa culpa não pode ser minimizada.

2. *Ignorar a santidade*
Outra forma errada que o homem usa para se desfazer do pecado é ignorar a santidade de Deus – assumir que Deus é tão tolerante ao pecado quanto nós somos. Esta abordagem é a mais popular entre as "pessoas religiosas", que nunca rejeitariam Deus completamente, mas ainda assim não querem se incomodar com a idéia de um justo juiz que é santo e os chama para serem santos (1Pe 1.15-16). Ao invés disso, tornamos Deus à nossa imagem e fingimos que, como nós, Ele está disposto a não se importar com o pecado.

Mais uma vez, a Cruz contradiz a abordagem do homem. Ela mostra como a santidade de Deus não pode ser ignorada. A tortura e sofrimento infligidos a Jesus mostram como Deus odeia o nosso pecado. Deus diz: "Ficaria eu calado diante de tudo o que você tem feito? Você pensa que sou como você? Mas agora eu o acusarei diretamente, sem omitir coisa alguma" (Sl 50.21). Deus não é como nós. Ele é santo. E seus padrões não mudam ao longo do tempo. Ele não sucumbiu à opinião popular ou diminuiu sua santidade. Ele *permanece* santo. A Cruz revela o quão santo Ele é.

3. *Vivendo em autojustificação*
A terceira abordagem do homem ao pecado é a autojustificação. Ela pode ser expressa de diversas formas e é vista na vida da pessoa que se choca ao ver que é capaz de pecar. "Eu não acredito que fiz isso", ela diz. Por que está tão surpresa? Porque ela se vê como uma pessoa *basicamente boa*, ao invés de *inerentemente ímpia*. Infelizmente, sua tristeza em relação ao pecado não é pelo fato de que

desobedeceu a Deus, mas porque falhou em conseguir viver de acordo com a superestimada opinião que tem de si mesma.

A autojustificação também é expressa pela pessoa que se recusa a aceitar o perdão de Deus. "Eu não consigo me perdoar", ela diz. "Talvez Deus consiga, mas eu não." Ela pode parecer piedosa, mas afirmações como estas são uma forma de orgulho reverso, que diz: "Meus padrões são superiores aos de Deus". Ao invés de humildemente reconhecer que seu pecado foi contra Deus e que somente Ele pode limpá-lo, ela tenta se tornar o seu próprio salvador. Tenta suportar sua própria punição, pagar penitência ao se remoer em culpa, fazendo boas obras ou conseguindo a graça de Deus através da obediência.

Mas a Cruz, como John Stott nos diz, acaba com a nossa autojustificação. Se tivéssemos qualquer justiça em nós mesmos, Deus não teria enviado um salvador e substituto para nós. O plano de salvação de Deus claramente revela uma coisa: nós não temos *nada* a ver com o Grande Resgate. Na verdade, a nossa única contribuição foi o pecado que Ele pagou. Nenhum homem pode merecer sua própria salvação. Nós não podemos pagar penitências suficientes; não podemos fazer boas obras suficientes; não podemos conseguir mais da graça de Deus através da obediência.

A Cruz nos torna humildes. A única forma que Deus podia nos dar um lugar em sua presença era transferindo a nossa culpa para Jesus, e colocar em nós a ficha limpa dele.

Minimizar o pecado, ignorar a santidade de Deus e se autojustificar não funciona: estas atitudes podem destruir o seu relacionamento. Se você possui um pecado sexual passado para confessar, minimizá-lo também vai banalizar a preciosidade do presente do sexo puro que Deus tem para você no casamento. Se o pecado sexual não é importante, a pureza sexual também não é importante. Da mesma forma, ignorar a santidade de Deus prepara o seu casamento para o desastre. Se Deus não se importa com suas infidelidades passadas, que motivações você tem para ser fiel depois de casado? A autojustificação também é venenosa. Um casamento que não é construído ao redor da Cruz não terá a graça, misericórdia e humildade que acompanham o reconhecimento, tanto do marido quanto da mulher, de que precisam de um Salvador.

Transformado

Você pode estar pensando: "Toda essa conversa sobre a Cruz e o meu pecado era para ser uma boa notícia?". Sim, ela é! Quando vemos como nossa situação realmente é precária, o Grande Resgate se torna ainda mais incrível.

Rebecca Pippert nos conta uma história que ilustra o poder transformador de uma compreensão correta da Cruz:

> Muitos anos atrás, depois de ter acabado de falar numa conferência, uma adorável mulher veio ao púlpito. Ela obviamente queria falar comigo e, no momento em que me virei para ela, lágrimas jorraram de seus olhos. Nós fomos para uma sala onde poderíamos conversar com mais privacidade. Era fácil perceber, ao olhar para ela, que era sensível, mas estava aflita com algo. Ela soluçava enquanto me contava sua história.
> Anos antes, ela e seu noivo (com quem agora estava casada) eram jovens obreiros de uma grande igreja tradicional. Eles eram bastante conhecidos e tinham um extraordinário impacto sobre os jovens. Todos se espelhavam neles, e os admiravam tremendamente. Alguns meses antes de se casarem, começaram a ter relações sexuais. Isso os deixou com um pesado fardo de

culpa e hipocrisia. Então, ela descobriu que estava grávida. "Você não consegue imaginar as implicações que surgiriam ao admitir nosso erro à igreja", ela disse. "Confessar que estávamos pregando uma coisa e vivendo outra seria intolerável." A congregação era bastante tradicional e nunca havia sido atingida por qualquer escândalo. Nós sentimos que eles não seriam capazes de lidar com a nossa situação. E nós não conseguiríamos suportar a humilhação.

"Então nós tomamos a decisão mais horrível de minha vida. Eu fiz um aborto. O dia do meu casamento foi o pior da minha vida. Todos na igreja sorriam para mim, pensando que eu era uma noiva repleta de inocência. Mas você sabe o que estava passando na minha cabeça quando eu andava para o altar? Tudo o que eu conseguia pensar era: 'Você é uma assassina. É tão orgulhosa que não conseguiu suportar a vergonha e a humilhação de expor o que realmente é. Mas eu sei o que você é, assim como Deus também sabe. Você assassinou um bebê inocente'."

Ela estava soluçando tanto que não conseguia mais falar. Enquanto eu colocava meus braços ao seu redor, um pensamento surgiu bem forte em minha mente. Mas tive medo de externá-lo. Eu sabia que, se ele não tivesse vindo de Deus, poderia ser bastante destrutivo. Então eu orei pedindo sabedoria para ajudá-la.

Ela continuou: "Eu não consigo acreditar que pude fazer algo tão horrível. Como pude assassinar uma vida inocente? Como pude fazer isto? Eu amo meu marido; nós temos quatro maravilhosos filhos. Eu sei que a Bíblia diz que Deus perdoa todos os nossos pecados. Mas

não consigo me perdoar! Eu confessei este pecado milhares de vezes, e ainda sinto tremenda vergonha e tristeza. O pensamento que mais me assombra é: *'como pude* assassinar uma vida inocente?'".
Respirei fundo e disse o que estava pensando. "Eu não sei porque você está tão surpresa. Esta não é a primeira vez que seu pecado gera a morte; é a segunda." Ela olhou para mim profundamente espantada. "Minha cara amiga", eu continuei, "quando você olha para a cruz, todos nós somos os crucificadores. Religiosos ou não, bons ou maus, quem fez um aborto ou não – todos nós somos responsáveis pela morte do único inocente que já viveu. Jesus morreu por todos os nossos pecados – passados, presentes e futuros. Você acha que existe algum pecado seu pelo qual Jesus não tenha morrido? O próprio orgulho que fez você matar o seu filho também matou Jesus. Não importa o fato de que você não estava aqui dois mil anos atrás. Todos nós o mandamos para a cruz. Lutero disse que nós carregamos os pregos de sua cruz em nossos bolsos. Então, se você fez isso antes, por que não faria de novo?".
Ela parou de chorar. Olhou dentro dos meus olhos e disse: "Você está absolutamente certa. Eu fiz algo pior do que matar meu bebê. Meu pecado foi o que levou Jesus à cruz. Não importa se não fui eu que martelei os pregos, ainda sou responsável por sua morte. Você percebe a importância do que está me dizendo, Becky? Eu vim até você dizendo que fiz a pior coisa que podia imaginar, e você me disse que eu fiz algo ainda pior".
Eu concordei porque sabia que era verdade. (Eu não estou certa se minha abordagem pode ser qualificada

como uma das grandes técnicas de aconselhamento existentes!) Então ela disse: "Mas Becky, se a cruz me mostra que sou muito pior do que imaginava, ela também mostra que o meu mal foi absolvido e perdoado. Se a pior coisa que qualquer ser humano pode fazer é matar o Filho de Deus, e *isso* pode ser perdoado, então como é que qualquer outra coisa – até mesmo meu aborto – não será perdoado?".

Eu nunca me esquecerei do seu olhar enquanto se recostava na cadeira, admirada, quando afirmou: "Que graça maravilhosa!". Desta vez, ela não chorava de arrependimento ou tristeza, mas de alívio e gratidão. Eu vi uma mulher ser literalmente transformada ao conseguir ter uma compreensão correta da cruz.

Assim como a mulher dessa história, nós precisamos ouvir as notícias ruins sobre a Cruz antes que possamos receber as boas. E, para pecadores como você eu, existem notícias boas demais para que possamos compreender.

Sendo prático

Eu quero mostrar a você três maravilhosas – e muito práticas – formas de como uma compreensão correta da Cruz pode afetar seu relacionamento.

1. Por causa da Cruz, você pode ter certeza absoluta do amor de Deus por você e que Ele perdoa completamente o seu pecado passado
A Bíblia nos conta quais são os passos que devem ser tomados para receber a graça de Deus. Primeiro, devemos nos arrepender de nosso pecado e pedir que Ele nos perdoe. Segundo, pela fé nós cremos que Jesus morreu em nosso lugar e ressuscitou.

Se você fez isso, adivinhe só? Você *está* perdoado. Está consumado. 1João 1.9 diz: "Se confessarmos os nossos pecados, ele é fiel e justo para perdoar os nossos pecados e nos purificar de toda injustiça". Não há período de condicional, não há período de teste. Sim, você pode sofrer conseqüências em sua vida por causa do pecado, mas não haverá punição vinda de Deus. Cristo recebeu toda a ira de Deus.

E o seu perdão é real, você sentindo ou não. Não faz muito tempo, ajudei a produzir uma série com três episódios baseada no livro *Eu disse adeus ao namoro*. Na segunda fita, intitulada "Pureza", eu pedi que meu amigo Travis compartilhasse a história de como ele experimentou o perdão de Deus pelo seu pecado sexual. A história que ele humildemente contou foi um emocionante testemunho de como a Cruz suplanta os sentimentos de condenação.

"Quando eu olhava para mim mesmo", Travis disse, "não havia dúvida de que eu estava dominado pela minha indignidade. Mas quando eu me lembrei do que a Palavra de Deus diz sobre mim e quais são as suas promessas – de que Ele é fiel quando sou infiel e que sua bondade e misericórdia não estão baseadas naquilo que tenho feito, percebi que isso é verdade independentemente da forma como me sinto. Foi neste momento que fui salvo da condenação".

Travis tinha que se relembrar constantemente das boas notícias sobre a graça de Deus. "Eu era tentado freqüentemente", ele confessa. "Eu olhava ao redor para os amigos que tinha, e a esposa que tinha, e pensava: 'Senhor, eu não mereço isso'. E Ele me lembrava: 'Não é pelo que você fez; é pelo que meu Filho fez por você'."

Esta é a essência das boas notícias da Bíblia. Fale consigo mesmo esta verdade todos os dias. Obtenha conforto nas palavras que Deus escreveu para você nas Escrituras:

Portanto, agora já não há condenação para os que estão em Cristo Jesus (Rm 8.1).

"Venham, vamos refletir juntos", diz o Senhor. "Embora os seus pecados sejam vermelhos como escarlate, eles se tornarão brancos como a neve; embora sejam rubros como púrpura, como a lã se tornarão" (Is 1.18).

[Ele] não nos trata conforme os nossos pecados nem nos retribui conforme as nossas iniqüidades. Pois como os céus se elevam acima da terra, assim é grande o seu amor para com os que o temem; e como o Oriente está longe do Ocidente, assim ele afasta para longe de nós as nossas transgressões (Sl 103.10-12).

À luz da Cruz, as promessas da Bíblia recebem um novo brilho, não é? Você é puro e imaculado perante Deus. Seu pecado foi afastado para uma distância incomensurável – tão longe quanto o leste está do oeste.

Minha promessa favorita está em Isaías 43.25, onde Deus diz: "Sou eu, eu mesmo, aquele que apaga suas transgressões, por amor de mim, e que não se lembra mais de seus pecados". Reflita um pouco sobre isso! Deus *conscientemente* escolhe não se lembrar de seu passado.

Jay Adams diz que isso significa que Deus *nunca* irá trazê-los à tona, *nunca* os usará contra você, e *nunca* os revelará a ninguém. Quando você vier à Ele em oração, não o rotulará como um fornicador ou adúltero – Ele não o vê como impuro e indigno de seu amor, mas através da justiça de seu Filho. Através da fé na obra de Cristo na cruz, você tem "livre acesso a Deus em confiança" (Ef 3.12). Deus agora se regozija em você como um noivo se regozija em sua noiva (Is 62.5).

Você está limpo. Está totalmente perdoado. É dele. Seu passado não tem nenhuma reivindicação sobre você porque Deus o tornou novo. Nunca se esqueça disso. Nunca duvide. Não pare de se regozijar no milagre da graça de Deus.

2. *Por causa da Cruz você pode confessar seu pecado passado ao seu companheiro*

Não há dúvida – contar ao homem ou mulher que você ama sobre o seu pecado passado é difícil. Isso pode fazer com que ele ou ela o rejeite e termine o relacionamento. Como a verdade da Cruz pode ajudar? A resposta é que ela coloca as coisas sob a perspectiva correta.

O maior problema de sua vida não é se um homem ou uma mulher em particular o aceita, mas se o Deus do universo o perdoa. A Cruz lhe mostra que o seu maior problema – a ira de Deus – foi resolvido. Confiança e segurança no amor de Deus pode lhe dar a coragem de confessar o seu pecado a alguém com a *certeza* de que Deus o perdoou.

Contar sobre o seu passado foi uma das coisas mais difíceis que Shannon fez. Mas ela foi capaz de fazê-lo porque sabia que Deus, a pessoa a quem o seu pecado ofendeu mais, a havia perdoado. Se eu a tivesse rejeitado, ela não ficaria desolada, porque a sua segurança estava firmada na aceitação de seu Pai celestial, comprada com sangue.

Quando você chega ao ponto de saber que Deus o perdoou e está pronto a contar à pessoa que ama sobre o seu passado, ainda precisa se fazer algumas perguntas difíceis. Primeiro, *quando* você deve confessar os seus pecados passados? Depois, *quanto* você deve falar?

A decisão de quando dizer à pessoa que você está cortejando sobre o seu passado é baseada em diferentes fatores. Primeiro, seu motivo principal deve ser servi-la. Seu objetivo é contar o mais cedo possível para que ela não se sinta pressionada por causa de promessas feitas antes de terem recebido esta informação. Por esta razão, eu creio que seja melhor confessar coisas sérias *antes* do noivado. Se vocês já estão noivos, devem se acertar o mais rápido possível.

Isso não significa que você deva se sentir obrigado a compartilhar detalhes íntimos de sua vida assim que a corte começar. Obviamente, você não deve fazê-lo a não ser que o relacionamento esteja claramente se direcionando para o casamento. Se você chegou ao ponto onde está confiante de que este relacionamento está se dirigindo para o casamento, provavelmente esta é a hora de conversar sobre os pecados passados.

A próxima questão é o quanto de detalhes será revelado em sua confissão. Os autores de *Preparing to Marriage* (Preparando para o casamento) deram vários conselhos úteis:

- Primeiro, escreva uma lista do que precisa confessar. Isso pode incluir eventos, escolhas ou feridas que você vivenciou. Apesar de não precisar entrar em grandes detalhes, tenha certeza de mencionar todas as coisas que você sabe que irão afetar o seu relacionamento hoje.
- Decida quais itens de sua lista você deve compartilhar com a pessoa que você está cortejando (ou que está noiva) e porquê. Shannon buscou o conselho de Julie, uma senhora casada de nossa igreja, sobre o que ela devia me contar. O apoio de Julie e o seu conselho foram muito importantes para Shannon.
- Separe um tempo e lugar para conversarem em particular. Encontre um lugar onde ambos se sintam livres para expressar suas emoções. Antes do encontro, peça a Deus que conceda a quem você ama a graça de responder em

amor. Não pense que isso será fácil para ela. Peça o perdão, mas não o exija. Dê-lhe tempo.
- Não conte nada além do necessário. "Enquanto estiver falando", os autores de *Preparing for Marriage* escrevem, "explique porque você crê ser importante compartilhar estas escolhas de seu passado, mas evite compartilhar mais do que é necessário. Ao apresentar muitos detalhes explícitos, isso pode se tornar um problema depois em seu casamento. Ao dar muitos detalhes, você pode dar a quem ama uma visão além da necessária. Evite a curiosidade mórbida". Isso é algo que Shannon fez muito bem. Ela me disse tudo o que eu precisava saber, mas não me encorajou a procurar mais informações que somente iriam torturar minha imaginação depois.
- Finalmente, seja paciente com quem você confessou o seu pecado. Dê-lhe tempo para se apropriar da graça de Deus e examinar a resposta de seu coração à sua confissão. Com certeza a pessoa entrará em conflito. Ela pode se afastar de você por um tempo. Em alguns casos, até terminar o relacionamento. Se isso acontecer, tente se lembrar que é melhor você ter passado por este processo agora do que depois do casamento. Use isso como uma oportunidade de se lembrar-se de como Deus reagiu diferente ao seu pecado. Ele o abraçou e prometeu nunca o abandonar. Seu amor é fiel. E, na hora certa, Ele trará para a sua vida o homem ou mulher que irá aceitá-lo e perdoar o seu passado.

3. Por causa da Cruz, você pode perdoar o pecado passado de outra pessoa
Se você é a pessoa que está recebendo a confissão em seu relacionamento, eu entendo o tamanho de desafio – especialmente se você

se guardou sexualmente. Eu certamente não seria virgem se não tivesse crescido como cristão, e suspeitava que Shannon não era virgem quando começamos nossa corte. Ainda assim, fiquei profundamente triste quando ela me contou sobre seus relacionamentos passados porque eu a amava. O pecado havia roubado algo de nós que não podia ser substituído. Isso era muito triste para nós dois.

Se você agora tem que lidar com o pecado passado da outra pessoa, deixe-me encorajá-lo a considerar algumas coisas.

Primeiro, você tem a oportunidade de ser um canal para o perdão de Deus. Apesar de ser fácil ver como o pecado dela afeta você, lembre-se de que é provavelmente duas vezes mais difícil para a outra pessoa contar do que para você ouvir. Fique relembrando-a da realidade do perdão de Deus. Enquanto processa seus próprios sentimentos, continuamente a dirija para a Cruz, e certifique-se de que ela esteja firmada na compreensão da graça de Deus.

Segundo, não permita que um apropriado sentimento de perda e desapontamento pelos efeitos do pecado se transforme em autojustificação ou amargura contra a outra pessoa. Você pode ser virgem, mas é também é um pecador que só pode ser salvo pela morte remidora de Jesus.

Apesar do pecado de alguém que ama afetar você se vierem a se casar, tenha em mente que o pecado primeiramente foi contra Deus. Ele estava lá para testemunhá-lo. Chorou com isso. Na Cruz, Ele sangrou por ele. Ele ama seu companheiro mais do que você jamais poderá amar. E Ele o perdoou. Não se considera maior que Deus negando o seu perdão.

Terceiro, apesar de dever perdoar a pessoa com que possui um relacionamento, você não deve igualar perdão com obrigação de casamento. Dependendo de onde o seu relacionamento está, pode haver ainda perguntas a responder antes de se tornarem noivos. Não deixe que este problema o faça deixar de lado áreas importantes.

Eu conheço casos em que o homem ou a mulher simplesmente não conseguiu lidar com o fato de que a outra pessoa havia tido relações sexuais antes. Se você não é capaz de perdoar e prosseguir nesta questão, não pense que o fato de se casarem resolverá tudo. Leve o tempo que for necessário; procure conselhos. Se você não conseguir se reconciliar, esteja disposto a terminar o relacionamento.

Finalmente, se você escolher se casar, tenha certeza de que perdoou como Deus perdoa – escolha não se lembrar mais do pecado passado da outra pessoa. Como humanos, não podemos fazer isso perfeitamente como Deus faz, mas podemos nos recusar a remoer o passado. Quando ele surge em nossa mente, podemos lançá-lo fora. Como Jay Adams diz: "O perdão é uma promessa, não um sentimento".

Quando você perdoa outra pessoa, está fazendo uma promessa de não usar o passado contra ela. O conselho que meu pai me deu antes de Shannon e eu ficarmos noivos foi muito útil. "Você precisa colocar em seu coração", ele disse, "que *nunca* – seja no calor de uma discussão ou em qualquer outra circunstância – usará o passado dela como uma arma". Este foi o compromisso que eu assumi e, pela graça de Deus, tenho mantido.

Pranteie com os que pranteiam

Quando Shannon me contou sobre sua vida antes de se tornar uma cristã, meu desejo de continuar nosso relacionamento nunca esmoreceu. Eu a amava. Sabia que Deus a havia salvado e transformado, e cria que Ele estava nos conduzindo ao altar.

Mas tê-la perdoado e estar confiante sobre o nosso futuro não significou que eu não tive problemas em relação ao passado dela. Na verdade, alguns dos dias mais difíceis para mim vieram depois que estávamos noivos. Quando se aproximava a hora de Shannon se tornar minha esposa, o fato do que tínhamos perdido havia me tocado de uma forma nova. Eu comecei a temer que Shannon me comparasse com os ex-namorados. Eu estava sofrendo e precisava de segurança.

Eu compartilho isso para dizer que, depois de vocês terem acabado de confessar e de perdoar, ainda precisarão um do outro. Ambos enfrentarão tentações únicas. Em nosso relacionamento, Shannon continuava a lidar com a condenação. Ela precisava que eu a relembrasse que a havia perdoado e que Deus a havia limpado. Ao mesmo tempo, eu precisava ouvi-la dizer que me amava e que os seus relacionamentos passados eram insignificantes.

Mas a coisa mais importante que aprendemos foi que o conforto que desejávamos só viria de Deus. Precisávamos um do outro, e realmente ministrávamos graça e nos apoiávamos mutuamente. Mas somente Deus poderia trazer verdadeira paz e realmente fazer com que superássemos o passado. Eu não poderia ser a fonte da confiança de Shannon. E ela não podia ser a minha. Ela não podia dizer "Eu te amo" ou "Os outros rapazes não importam" o número de vezes suficiente para trazer paz ao meu coração. Eu tinha que olhar para Deus e encontrar esta paz nele.

Dois pecadores aos pés da cruz

Um dos melhores e mais realistas conselhos que eu recebi foi o de um amigo que havia passado por uma experiência semelhante com sua esposa. Ele simplesmente disse: "A ferida vai se curando. Você sempre sentirá uma pontada de dor, mas com o tempo ela vai diminuindo até quase desaparecer".

Ele estava certo. Antes de Shannon e eu nos casarmos, havia dias em que, torturado pela minha própria imaginação sobre os relacionamentos passados de Shannon, eu só conseguia clamar a misericórdia de Deus em minha cama. A ferida estava fresca e era dolorosa. Mas ela foi se curando. Na verdade, praticamente já desapareceu. Hoje, raramente penso nisso. Quando penso, há tristeza, mas maior que minha tristeza é minha alegria em saber como Deus nos resgatou.

Para nós, a lembrança de nossa conversa difícil e os dias que se seguiram é meio amarga. Amarga porque o pecado realmente destrói e arruína a vida; doce porque no momento de nossa maior tristeza, a graça e misericórdia de Deus nunca foi tão real para nós. O pecado do passado nos aproximou mais da Cruz de nosso Salvador Jesus. O evangelho se tornou mais real, mais amado, mais poderoso do que nunca.

É possível esquecer o passado? Não. Mas quando você conhece o perdão e a graça de Deus, é possível enfrentá-lo sem medo. Para Shannon e eu, o passado ainda bate à porta. Mas quando ele bate, nós não abrimos. Nós olhamos para nosso crucificado e ressurreto Salvador e pedimos que Ele atenda.

Nós começamos nosso casamento, e esperamos sempre continuar, maravilhados pela graça – dois pecadores aos pés da cruz.

Capítulo Onze

VOCÊ ESTÁ PRONTO PARA O "PARA SEMPRE"?

Dez perguntas que devem ser respondidas antes de você ficar noivo

Junte todas as decisões que você precisa tomar na vida – que escola vai estudar, que emprego vai ter, quais amigos vai escolher, que carro ou casa vai comprar – e todas nem se comparam à decisão de com qual pessoa você vai se casar. Seu casamento irá unir seu corpo e sua alma a outro ser humano. Seu casamento irá determinar a mãe ou pai de seu futuro filho. Ele pode fortalecer ou enfraquecer seu relacionamento com Deus. Pode lhe trazer uma vida de felicidade ou torná-la miserável.

É por isso que precisamos nos lembrar das reais questões que estamos lidando. As perguntas não são: "Queremos fazer sexo?", "Iremos gostar da emoção de nos tornamos noivos e planejar um casamento?" ou "Nossa família e amigos esperam que nos casemos?"

As *verdadeiras* perguntas são: "Estamos prontos para cuidar, nos sacrificar e amar um ao outro nos bons e maus momentos?", "Cremos que iremos glorificar a Deus mais como um casal do que como indivíduos?" e "Estamos prontos para o 'para sempre'?".

Muitas pessoas estão infelizes no casamento porque deixaram de fazer importantes perguntas. Ao invés de avaliarem corretamente seu relacionamento, deixaram-se levar pela excitação do momento. Ignoraram a realidade quando estavam namorando, somente para passar seu casamento reclamando dela. Como Alexander Pope escreveu: "Eles sonham no namoro e acordam no casamento".

O período da corte é o tempo para estar alerta, com os olhos bem abertos. Isso não significa ser hipercrítico ou julgar o outro. Significa avaliar correta e honestamente você mesmo, a outra pessoa e o seu relacionamento antes de se comprometerem com o casamento.

Perguntas para se fazer antes de comprar a aliança

As dez perguntas que vêm a seguir podem acordá-lo para a condição atual de seu relacionamento. Muitas delas são formuladas a partir do que discutimos nos capítulos anteriores. Eu também tomei emprestado grande parte de um artigo intitulado "Should We Get Married?" (Devemos nos casar?), de David Powlison, um maravilhoso conselheiro cristão, e John Yenchko, seu pastor. Estes dois homens, que possuem mais sabedoria e experiência do que eu, generosamente me deram permissão de citá-los extensivamente aqui.

Eu o encorajo a abordar estas dez perguntas com humildade e um desejo de crescer. Trabalhar essas questões como um casal, e também individualmente, pode ajudá-lo a descobrir os pontos fortes e os pontos fracos de seu relacionamento e a tomar uma decisão mais fundamentada sobre se deve ou não se casar.

1. O relacionamento de vocês é centrado em Deus e sua glória?
Jesus Cristo é o Senhor do coração dos dois? Um casamento feliz é fundado num amor mútuo e submissão a Ele. Vocês são obedientes

à Palavra? Estão empenhados em encontrar a satisfação de sua alma em Deus? Se não estão, entrarão no casamento com a falsa expectativa de que ele irá completá-los e satisfazê-los. Você colocará exigências que estão fora da realidade sobre o seu cônjuge, ao pedir que ele desempenhe um papel que somente Cristo pode desempenhar.

2. *Vocês estão crescendo em amizade, comunicação, companheirismo e romance?*
Dê notas para seu relacionamento nas quatro áreas que analisamos nos capítulos 5 e 6:

> *Amizade*: Vocês gostam de ficar juntos? Esquecendo-se de seus sentimentos românticos, vocês possuem uma sólida fundação de amizade? Existem atividades e interesses que compartilham? Se vocês fossem do mesmo sexo, seriam amigos?
> *Comunicação*: Vocês desenvolveram sua capacidade de ouvir e compreender um ao outro? Todo relacionamento possui espaço para melhorias; a pergunta é, você consegue percebê-las?
> *Companheirismo*: Vocês conversam sobre coisas espirituais? Oram juntos? Amam cada vez mais a Deus como um resultado de seu relacionamento?
> *Romance*: Seu desejo romântico pelo outro está crescendo? Seus sentimentos de afeto estão crescendo? Se não estão, porque você acha que estão ausentes? Você está tentando prosseguir no relacionamento mesmo quando seu coração não está nele?

3. *Vocês estão seguros de seus papéis bíblicos como homem e mulher?*
Ambos possuem uma convicção bíblica sobre o que significa ser um homem e uma mulher santos? Vocês concordam sobre o papel

do marido e da esposa? Quando lêem o capítulo 7, existe alguma parte que vocês não concordam ou que têm problemas em aceitar? Conversem sobre elas.

Se você é mulher, pergunte a si mesma se este homem é alguém que você possa respeitar, se submeter e amar. A Bíblia dá à mulher duas principais responsabilidades: respeitar e se submeter ao seu marido (Ef 5.22-24; Cl 3.18). Essas duas responsabilidades estão intimamente ligadas. Se você respeita seu marido, submeter-se a ele será uma alegria. Se você não o respeita, a submissão será um fardo.

Se você é homem, você está conduzindo corretamente o relacionamento? Você possui a fé para liderar esta mulher e servi-la em amor durante uma vida inteira? Você precisa ter certeza de que ela pode e irá seguir sua liderança espiritual.

4. Existem outras pessoas que apóiam o relacionamento?
Vocês possuem a proteção e apoio de sua igreja local em sua corte? Por favor, não avancem para o noivado antes de se aconselhar com pessoas que conhecem vocês bem.

Powlison e Yenchki escrevem:

> Bons conselhos ajudam você a examinar cuidadosamente, e em oração, esta decisão. Eles ajudam você a descobrir se as principais razões para o casamento estão autocentradas, ou se sabe como se comprometer a amar outra pessoa. Bons conselhos ajudam a identificar as áreas problemáticas em potencial, e trabalhar nelas agora.

5. O desejo sexual está desempenhando um papel muito grande (ou muito pequeno) em sua decisão?
O envolvimento sexual antes do casamento pode confundir os pensamentos. "Nunca deixe um tolo beijá-lo ou um beijo enganá-

lo." O desejo sexual está fazendo-o crer que seu relacionamento é melhor do que realmente é? Ou o sexo é o principal motivo para que você deseje se casar? O sexo obviamente é uma parte muito importante do casamento, mas lembre-se que ele não pode suprir deficiências em outras partes de um relacionamento.

Apesar de que o desejo sexual não deve desempenhar um papel muito importante, ele também não deve ter um papel muito pequeno. É importante que você esteja atraído sexualmente pelo seu cônjuge. Como o meu pai gosta de dizer, nós não devemos tentar "ser mais espirituais" que Deus e casar com alguém com quem não desejamos ir para a cama.

6. Você costumar resolver seus problemas biblicamente?
David Powlison e John Yenchko perguntam:

> Vocês agem como dois adultos santos, ou como crianças mimadas quando enfrentam desacordos, mal-entendidos ou têm que tomar decisões? O fracasso em resolver problemas biblicamente se mostra de diversas formas. Vocês manipulam? Evitam enfrentar os problemas? Desviam de assuntos ao fingir que tudo está bem? Guardam ressentimentos?

Se você vê comportamentos errados em seu relacionamento, não significa necessariamente que você deva terminá-lo, mas sim que deve ser cuidadoso e buscar a mudança. Bons casamentos não são livres de conflitos. O importante é que ambos estejam comprometidos a resolver os problemas de acordo com a Palavra de Deus.

O que significa resolver os problemas biblicamente? Começa com uma compreensão básica do que a Bíblia ensina nas principais áreas da vida. Significa saber como identificar e tratar questões difíceis. Significa estar disposto a pedir perdão pela sua contribuição ao problema, não importando o que a outra pessoa fez.

Não avance a não ser que veja progresso nesta parte de seu relacionamento.

7. Vocês estão indo para a mesma direção na vida?
"Quando a Bíblia fala de casamento", escreve Powlison e Yenchko, "ela fala quatro vezes sobre 'deixar e unir'. *Deixar* significa que você não está mais preso à direção imposta pelos seus pais e pela vida de solteiro. *Unir* significa escolher ir na mesma direção do seu cônjuge".

Powlison e Yenchko destacam que não estão argumentando em favor da noção secular de "compatibilidade", que diz que um relacionamento só vai funcionar se um homem e uma mulher saírem do mesmo molde.

Duas pessoas bastante diferentes podem ter um casamento maravilhoso. Mas existem algumas coisas *básicas* em que um homem e uma mulher devem concordar. Jesus diz que devemos pesar o custo de nossas decisões (Lc 14.28-29). Amós diz: "Duas pessoas andarão juntas se não estiverem de acordo?" (Am 3.3).

Vocês já conversaram sobre o que "deixar e unir" significará quando vocês se casarem? A corte é o tempo de discutir como vocês irão se relacionar com seus pais e seus amigos solteiros como um casal. Estão prontos para abrir mão de muito da liberdade que tinham quando eram solteiros? Vocês estão em concordância sobre questões como crenças religiosas, filhos, envolvimento na igreja, estilo de vida e finanças?

8. Vocês estão levando em conta as diferenças culturais que possuem?
Derrick e Lindsey tinham que enfrentar as diferenças entre a educação coreana e a chinesa. Meus amigos Cori e Kathy só ficaram

noivos após considerarem seriamente os dasafios que enfrentariam num casamento inter-racial – Cori é negro, e Kathy é branca. Caminhando com Kathy pelas ruas, Cori é chamado de "vendido" pelos outros negros; Kathy teve que tratar pacientemente este assunto com seus pais, que inicialmente se opunham ao relacionamento. Eles se amavam e tinham fé no casamento, mas tiveram que enfrentar cara a cara a questão de sua diferença de raça e cultura.

A Bíblia é contra o casamento inter-racial? É claro que não. Mas ainda é importante pensar bem nas implicações que ele trará ao seu futuro juntos.

9. Algum de vocês possui problemas vindos dos relacionamentos ou casamentos passados?
Vivemos num tempo em que muitas pessoas trazem conseqüências de relacionamentos passados ao presente. Você está disposto a lidar com estas questões nos termos de Deus? David Powlison e John Yenchko escrevem:

> Existiram divórcios "legais" que Jesus considerava ilegítimos (Mt 19.1-9). Há vezes em que o Senhor nos ordena a busca da reconciliação, ao invés de casar novamente (1Co 7.10-11). Também existem situações em que Deus vê o casamento como terminado, e a pessoa está livre para considerar um novo casamento (Mt 5.31-32; 1Co 7.12-16, 39; Rm 7.2-3).
> Todos os aspectos desta questão fogem do escopo de nossa discussão aqui. Mas se você possui restrições anteriores (por exemplo, um casamento anterior ou filhos fora do casamento), você deve pensar nas implicações do que o Senhor diz. Busque conselho pastoral de outros que consideram estas passagens bíblicas seriamen-

te. Idealmente, a igreja deveria fazer uma declaração se uma pessoa está livre ou não para casar novamente.

10. Você quer casar com essa pessoa?

"A Bíblia nos conta que a decisão de casar com alguém é uma *escolha* que fazemos", escrevem Powlison e Yenchko. "As perguntas finais que você deve fazer a si mesmo são: 'Eu *quero* me casar com essa pessoa?' e 'Essa pessoa *quer* se casar comigo?'."

Por que dois conselheiros experientes nos pedem para fazermos uma pergunta básica como esta? Porque já viram muitos casais espiritualizarem demais a decisão sobre com quem devem se casar. Ao invés de compreender que Deus nos guia nos dando sabedoria e permitindo que façamos nossas próprias escolhas, estes casais esperam uma "experiência mística" que lhes diga o que fazer. Contrariando este tipo de pensamento, Powlison e Yenchko escrevem ainda:

> Casar é uma escolha sua. Você é que faz os votos e diz "Eu aceito". Ninguém pode impedi-lo ou forçá-lo a assumir estes votos.
>
> 1Coríntios 7.25-40 é a maior passagem da Bíblia que fala explicitamente sobre como as pessoas decidem se casar. Ela é cheia de frases como: "Faça como achar melhor. Com isso não peca"; "O homem que decidiu firmemente em seu coração que não se sente obrigado, mas tem controle sobre sua própria vontade"; "Ela estará livre para se casar com quem quiser, contanto que ele pertença ao Senhor".

Poderia ser mais claro? Deus espera que você tome a decisão. E promete abençoá-lo e cumprir a vontade dele em sua vida através das decisões que você tomar.

Finalmente, David Powlison e John Yenchko lembram aos casais que eles estão dizendo sim a uma pessoa, não a uma "mulher ideal" ou "ao homem que eu espero que ele se torne". Eles escrevem:

> Pergunte a si mesmo: "Estou disposto a aceitar essa pessoa como ele ou ela é? Eu quero casar com *esta* pessoa?". Tenha certeza de que não está indo para o casamento com idéias escondidas, esperando mudar a pessoa com quem se casou. Você está dizendo sim à uma pessoa real, com fraquezas e forças, pecados e dons!

Querendo o melhor

Quando duas pessoas se amam, perguntas como as que acabamos de ver podem parecer cansativas. Mas, apesar de parecerem uma ducha de água fria nas chamas do romance, elas são importantes. Eu espero que você compreenda que uma análise cuidadosa destas e de outras questões é uma expressão do amor cristão um pelo outro. Não há nenhum amor em caminhar em direção ao casamento de olhos fechados. Este exame fortalecerá um relacionamento saudável.

Vocês realmente querem o melhor um para o outro? Então receberão bem a chance de avaliar seu relacionamento honestamente, mesmo se isso significar descobrir alguns problemas em potencial.

Quando a resposta é não

Depois de ler este capítulo, talvez você tenha percebido que não deseja se casar com a pessoa com quem está numa corte. Miguel e Elena estavam numa corte por três meses quando decidiram terminar o relacionamento. "Nós nos gostávamos como amigos", Miguel explica. "Mas quando passamos mais tempo juntos, descobrimos que éramos muito diferentes e não nos completávamos. Nossa corte nos ajudou a ver que não devíamos passar da amizade."

 Eu sei que isso pode ser difícil, mas se você tem dúvidas sobre o seu relacionamento, não tenha medo de admiti-lo. Lembre-se que não é obrigado a se casar. Uma corte bem-sucedida é aquela em que duas pessoas se tratam com santidade e sinceridade, e tomam uma sábia decisão sobre o casamento – seja a escolha o *sim* ou o *não*.

 O que fazer se você descobrir que deve acabar com o relacionamento? Além de continuar a orar, eu o encorajo a discutir suas reservas com um bom amigo cristão, que possa ajudá-lo a processar estes sentimentos. Não peça que ele tente convencê-lo a tomar uma ou outra decisão. Você só precisa de alguém que possa ouvir suas preocupações e ajudá-lo a identificar porque você não possui fé suficiente no casamento.

 Depois, se você entender que não deseja se casar (mesmo se o noivado ainda não aconteceu), a corte deve terminar. Cada dia a mais que a corte prossegue é uma silenciosa afirmação de que ambos caminham juntos para o casamento. Se uma das pessoas perde a confiança, deve dizer à outra pessoa e terminar a corte.

 Quando você terminar a corte, comunique seus pensamentos e sentimentos com o propósito de servir a outra pessoa. Peça a ajuda de Deus para escolher as palavras certas. Considere escrever seus pensamentos com antecedência para ter certeza de que estará se comunicando claramente. Se você acha que em alguma situação você magoou ou feriu a outra pessoa, humildemente confesse isso e peça perdão.

 Também é importante que você seja sincero sobre a situação do relacionamento. Se a corte terminou, certifique-se de que a outra pessoa entenda que você não está somente dando um tempo. Meu amigo John foi vago quando terminou sua corte. Por mais de um ano a garota esperou que o relacionamento voltasse. John percebeu que, egoisticamente, gostava da idéia de tê-la como "reserva", se mudasse de idéia. Ele se desculpou e deixou claro que só seriam amigos no futuro.

Uma grande mudança, não o fim

Mas e se você é a pessoa que está recebendo a notícia de que seu relacionamento acabou? E se quisesse continuar, mas a outra pessoa quis terminar? Como lidar com isso? "Com certeza balança nosso mundo", Oam, de trinta e quatro anos, admite. "As pessoas precisam entender que seus corações vão se recuperar. Eles podem superar esta situação. Deus é soberano. Não é o fim da vida."

Quando Gary terminou o relacionamento, minha amiga Evelyn lutou contra a autopiedade e o desapontamento. Mas percebeu que o fato dela se sentir desolada indicava que havia depositado esperanças demais no relacionamento. Deus a ajudou a encontrar conforto em seu imutável caráter e amor.

E, apesar de ser muito difícil no início, ela e Gary conseguiram se relacionar novamente como amigos. "Minha oração depois de termos terminado era: 'Senhor, não permita que eu fique amargurada com Gary'", Evelyn me disse depois. "Foi difícil. Mas hoje somos bons amigos. Isso é possível por causa da forma como Gary conduziu nossa corte. Nossos corações não se uniram prematuramente."

O mesmo aconteceu com Miguel e Elena. Hoje, ambos se recordam de sua corte sem ressentimentos. "Miguel me tratou como uma irmã o tempo inteiro", Elena se lembra. "Terminar foi difícil na época", ela diz. "Você espera que dê certo, e quando não dá, é muito decepcionante. Mas no meio do desapontamento houve alegria. Nós sabíamos que Deus tinha outra pessoa para cada um de nós. Eu me lembro de Miguel dizer: 'Eu vou vibrar quando Deus lhe trouxer um marido'. Eu sabia que ele estava sendo sincero."

A coragem de obedecer

Sua confiança em relação ao casamento aumentou ou diminuiu após a leitura desse capítulo? Qualquer que seja a sua realidade, eu espero que seu compromisso de agir conforme esteja se sentindo tenha ficado mais forte.

É preciso fé e coragem para terminar um relacionamento, assim como para iniciar uma corte. No livro *Recovering Biblical Manhood and Womanhood*, no capítulo intitulado Courage to Stay Single (A coragem de permanecer solteiro), Elva McAllaster compartilha a história de homens e mulheres solteiros que tomaram a difícil decisão de terminar relacionamentos que não estavam certos.

McAllaster escreve:

> Mara teve coragem. Ela já estava noiva quando começou a perceber que o temperamento de Larry era tão imprevisível que, apesar de todas as qualidades que ela adorava nele, ele não serviria para ser seu marido. E não estava pronto para ser pai. Ela pensou no temperamento dele – aquele mau temperamento – e decidiu terminar, e manteve esta corajosa decisão.

Eu oro para que você tenha este tipo de coragem e esteja disposto a aceitar o que Deus lhe mostrou sobre o seu relacionamento. Não deixe que a pressão dos outros, o medo de ficar sozinho ou o desejo de se casar o leve à uma tola decisão. Confie na direção de Deus e seja corajoso.

Esta coragem também pode envolver mergulhar no casamento. Uma aventura de fé também está diante de quem toma esta direção. Talvez Deus esteja confirmando o quão bom seu relacionamento é, mas você tem medo do desconhecido. Ou talvez seus pais sejam divorciados, e você ache inevitável que seu casamento também fracasse. Isso simplesmente não é verdade. Através da graça de Deus, você pode superar seu passado e suas próprias tendências pecaminosas e construir um casamento bem-sucedido.

Se você respondeu honestamente a estas importantes perguntas e o Espírito Santo está lhe dando paz sobre a idéia de prosseguir para o casamento, não deixe que seu medo o impeça.

Faça o pedido de casamento!

Se ele a pedir, aceite!

Viva corajosamente!

Quando você sabe em seu coração que encontrou a pessoa com quem deseja passar o resto da sua vida, o "para sempre" parece demorar demais a chegar.

Capítulo Doze

AQUELE DIA ESPECIAL

Vivendo e amando à luz da eternidade

Minha face está dolorida de tanto sorrir. Meu coração está batendo como se eu tivesse corrido os 100 metros rasos. Mas estou firme, tentando parecer grande. Esperando.

E então, a música começa. A porta da igreja se abre. Eu vejo a ponta de um vestido branco, e tudo pára.

Chegou a hora.

Todos se viram para trás, pescoços estalam. A congregação toda se levanta.

Lá está Shannon, apoiando-se nos braços de seu pai. Ela parece brilhar.

Gostaria que houvesse um botão de pausa que eu pudesse apertar para congelar esta cena. Somente por um momento, só o suficiente para que eu pudesse absorvê-la. Eu queria saborear cada segundo.

Hoje é o dia do meu casamento. Minha noiva acabou de aparecer.

Minha *noiva*. *Minha* noiva.

Então *este* é o vestido que tive que esperar para ver. É maravilhoso. Se eu fosse uma garota, conseguiria descrevê-lo. Só sei que ele era de cetim e possuía um véu de chiffon que cobria seu rosto, além de uma cauda que era quase do cumprimento da igreja. Mas sou só um garoto. E tudo que posso dizer é que o vestido era incrível. Ela o tornava maravilhoso.

Por debaixo do véu eu vi um sorriso. Era para mim. Ela era para mim.

Minha mente está lutando para guardar essa cena. Para tê-la para sempre como uma lembrança. *Não perca nenhum detalhe. Este é o momento. Oh, Senhor, ela é linda.*

O começo

Um casamento – um começo. Quase dois anos se passaram desde o nosso começo. Dois anos desde que Shannon caminhou até o altar. Faz dois anos que unimos nossos corações e vidas em solenes votos diante de Deus.

"Vocês acham que estão amando agora", casais mais velhos nos diziam. "Esperem... vai ficar ainda melhor." Eles estavam certos. Fica melhor. E ainda estamos no começo. Eles estão muito à frente de nós. Temos tanto a aprender. Algumas vezes nos sentimos como dois meninos do jardim de infância. Jovens no amor. Inexperientes. A cada dia descobrindo como sabemos pouco, mas felizes porque estamos aprendendo juntos.

A única coisa que sabemos com certeza é que o casamento é uma coisa boa. O plano de Deus para dois se tornarem um é o plano de um gênio. Mesmo como recém-casado, já vi sua perfeição em milhares de momentos diferentes. Quando o pé de Shannon desliza no meio da noite para o meu lado da cama e termina escorado em mim. Quando rimos juntos de uma piada que só nós conhecemos, cuja origem nenhum dos dois consegue lembrar. Quando ela cutuca uma ansiedade que está em meu coração que eu, nem ninguém mais, havia percebido. Quando eu chego em casa no fim do dia e ela está me esperando.

Sim, o casamento pode ser muito bom.

Um casamento maravilhoso, abençoado por Deus, e que honre ao Senhor a completude do mesmo. E a chance de ter algo assim faz valer a pena ter uma corte correta. Uma corte santa estabelece os hábitos e padrões que podem continuar "até que a morte os separe". É por isso que queremos tornar a glória de Deus nossa prioridade. É por isso que queremos amar a justiça e fugir da tentação. Porque estas são qualidades que queremos que definam nosso casamento.

A conquista romântica não termina na cerimônia de casamento. Até o dia da minha morte, eu quero estar conquistando o coração de Shannon, me tornar ainda mais seu amigo, ser mais experiente como amante. Nós apenas começamos.

Quando vai chegar a minha vez?

Você chegou ao fim deste livro. Leu as histórias de diferentes casais. E você? Onde está você em sua própria história?

Talvez você sinta que está esperando-a começar. Talvez, ler todos os finais felizes seja uma dolorosa lembrança de que você ainda está sozinho.

"Garoto encontra garota" ainda não aconteceu para você. Você não encontrou a mulher certa. O homem certo ainda não chegou. Ou se chegou, falhou em ver você. *Estou feliz porque você está gostando do casamento, Josh*, você pode estar pensando, *mas e eu?*

Eu não pretendo dizer que conheço todos os desapontamentos que você enfrentou. Eu não sei tudo o que você tem enfrentado ou por quanto tempo está esperando. Todos os dias recebo cartas de homens e mulheres que esperaram muito mais que eu e vivenciaram muito mais dor. Eu não tenho respostas fáceis. "Tudo o que eu queria era me casar", uma mulher me escreveu. "Eu sempre pensei que já estaria casada na idade em que estou." A honestidade com que ela confessou a sua luta foi de partir o coração:

> Eu costumava pensar: "O que há de errado comigo?", mas agora me pergunto o que não estava certo. Eu pedi que Deus retirasse este desejo ardente de casamento de minha vida se esta não fosse a vontade dele para mim. Mas Ele não tirou.
> Eu nunca admiti isso porque me sentia envergonhada, mas parei de ir a casamentos porque a inveja tomava conta de mim. O último casamento que participei foi demais para mim. Tudo estava bem até que o pastor disse: "Você pode beijar a noiva pela primeira vez". O noivo levantou o véu, e todos esperavam que eles iriam se beijar imediatamente, mas isso não aconteceu. Ao invés disto, ele lentamente colocou suas mãos no rosto dela, e eles ficaram ali, parados, olhando um dentro dos olhos do outro. Eu quase conseguia ouvir a conversa secreta deles. Então eles sorriram e se beijaram, longa e profundamente.
> Neste momento eu desabei. As lágrimas brotaram de meus olhos, e eu solucei em silêncio. O nó na minha garganta era tão grande que eu mal consegui falar algumas poucas palavras para a noiva quando fui cumprimentá-la. Ninguém suspeitava que eu estava com tanta inveja; eles pensavam que eu estava sendo sentimental. Mas ela sabia. Enquanto lágrimas escorriam pelo meu rosto, ela olhou para mim e me abraçou com força.

Eu saí da recepção mais cedo. Quando cheguei em casa me joguei na cama e chorei. "Quando vai chegar a minha vez, Senhor?"

Você está se fazendo esta pergunta? "Quando será a *minha* vez? Quando *minha* história vai começar?"

Se você é solteiro, eu creio que Deus quer que veja que a sua história *já* começou. A vida não começa quando você encontra um cônjuge. O casamento é maravilhoso, mas é apenas um novo capítulo em sua vida. É apenas uma nova forma de fazer o que fomos criados para fazer – viver para o nosso Criador e a sua glória.

Neste instante Deus está trabalhando em todos os aspectos de sua vida para o seu bem (Rm 8.28). Este momento de sua vida é parte de sua história. Talvez não seja o que você planejou. Talvez você desejasse que seu príncipe ou sua princesa já tivesse chegado. Mas Deus não se atrasa. Ele sabe exatamente o que está fazendo. Ele está vendo você. Não se esqueceu de você. Não o deixou de lado. As circunstâncias que está enfrentando – não importa o quanto sejam difíceis – fazem parte do final feliz que Ele planejou.

Deus é maior que suas circunstâncias. Meu pastor, C. J. Mahaney, uma vez contou a um grupo de solteiros: "Sua maior necessidade não é de um cônjuge. Sua maior necessidade é ser liberto da ira de Deus – e isso já foi conseguido para vocês através da morte e ressurreição de Cristo. Então, por que duvidar que Deus irá prover uma necessidade muito menor? Confie em sua soberania, confie em sua sabedoria, confie em seu amor".

Eu não tenho nenhuma resposta pronta. Apenas posso pedir que você confie em Deus.

Confie na *soberania* de Deus. Ele vê o seu futuro a partir do seu começo. O plano dele para a sua vida não pode ser mudado. Ele está no controle.

Confie na *sabedoria* de Deus. Se o casamento é a vontade dele para a sua vida, Ele sabe exatamente o que você precisa num cônjuge. E, em sua infalível sabedoria, Ele sabe *quando* você estará pronto. O seu tempo é perfeito.

Confie no *amor* de Deus. Ele não deu a própria vida para o salvar do pecado? Não demonstrou o amor dele na cruz? Então pode prover suas menores necessidades também. Mesmo as suas tribulações atuais fazem parte de seu plano de amor para você. E, seja o o que for que Deus tenha para você no futuro, será mais uma perfeita expressão de seu amor.

Olhando para a face de Deus

Estou inspirado pela minha amiga Kimberly. Ela está servindo como missionária na Índia com seus pais. Ela quer se casar. Não consegue esperar a hora de se tornar mãe. Apesar de amar o povo da Índia e a obra para a qual Deus a chamou, ela freqüentemente luta contra a dúvida. A Índia a está impedindo de encontrar um marido? Deus pode suprir isso em sua vida?

Recentemente ela me enviou um e-mail sobre um sonho que Deus lhe deu. Este sonho revigorou sua fé e confiança nele. Eu espero que ele encoraje você também:

> Eu vi a mão do Criador me formando. As mesmas mãos que criaram as estrelas e os céus estavam cuidadosamente me formando. Eu fiquei maravilhada e tomada pela gratidão.
> Eu chorei enquanto continuava a me ver, agora como uma garota, sentada no centro de sua mão, com os joelhos recostados no peito, minha cabeça levantada para o Amor de minha alma – o meu tudo. Eu estava focada nele, e só nele. Minha visão estava tomada pela sua gra-

ça. E Ele parecia apreciar tanto quanto eu ter minha *total* atenção. Eu permaneci sentada ali pelo que parecia uma eternidade, maravilhada e em comunhão com meu Salvador, meus olhos repousando nele.

Enquanto estava sentada ali, eu vi, com o canto do olho, sua outra mão se aproximando e então eu *o* vi. Eu sabia quem ele era no instante em que vi que era um homem. Simultaneamente, nós ficamos de pé e olhamos para o Mestre.

"É ele?", eu perguntei. "Aquele por quem tenho esperado? Aquele que tem esperado por mim? É ele?"

Eu podia ouvir que ele estava fazendo a mesma pergunta sobre mim. "É ela? Aquela por quem tenho esperado? Aquela que tem esperado por mim?"

As nossas vozes estavam igualmente tomadas pela emoção, mas não se comparam à alegria e prazer que estavam na voz de Deus quando Ele sorriu e disse: "Sim".

Aproximando suas mãos, Ele uniu nossas mãos e nos soltou para a mundo... juntos.

"Eu não posso descrever a alegria e a paz que este sonho trouxe ao meu coração", Kimberly me disse. Para ela, era uma afirmação e um lembrete do que a Bíblia claramente ensina. Deus a havia criado e moldado (Sl 119.73). Deus a conhecia intimamente (Sl 139.2). Antes de mais anda, Deus queria que ela olhasse para Ele como a fonte da satisfação de sua alma (Sl 42.1).

Kimberly contou este sonho para alguns amigos. Todos perguntaram: "Como era ele? Qual era a cara dele?".

"Eu não sei", ela respondia. "Sua face nunca ficou clara. Mas não há problema, porque eu conheço a face daquele para quem estou olhando agora, e isso é tudo o que importa."

Naquele dia

Sim, é tudo o que importa. E mesmo depois do casamento, continuará a ser a coisa mais importante. Quando o casamento é motivado por uma paixão de agradar a Deus, ele não nos distrai. Um casamento santo é um homem e uma mulher, lado a lado nas mãos da providência de Deus, olhando para Ele.

E então, um dia no céu, quando a vida tiver acabado, você será capaz de ver a face de Deus. Será capaz de olhar em seus olhos. Imagine a conversa que terá com Jesus. Você acha que naquele dia irá questionar o plano dele para a sua vida? Você acha que terá base para acusá-lo de mesquinhez ou infidelidade? Você acha que irá reclamar porque teve que esperar demais por um cônjuge? Ou por nunca ter se casado?

Você não fará nada disso porque, no céu, verá e conhecerá a perfeição do plano dele para a sua vida. Ele não será teórico. Não será simplesmente uma promessa na Bíblia. Você verá como o fato inegável que ele é. O que você irá dizer a Deus naquele dia é que Ele foi fiel. Você dirá que as escolhas feitas por Ele foram exatamente as que você teria feito, sabendo o que sabe agora.

A Bíblia nos conta que a história da humanidade irá culminar num casamento (Ap 19.7). Nós, a igreja, seremos a noiva de Cristo. Naquela celebração não haverá arrependimento. Nenhuma lágrima de tristeza. Nenhum homem ou mulher se perguntando quando a vez dele chegará. Aquele momento será *nosso* – o momento para o qual fomos criados. Cada um de nós amará a história especial da graça que Deus escreveu em nossas vidas. E veremos que *este* é o casamento para o qual todos os outros apontavam. Que *este* é o Noivo que nossos corações sempre desejavam.

Você acredita *naquele* dia vindouro? Então, confie em Deus *hoje*.

Pergunte a si mesmo: Como seria para você viver à luz daquele dia? O que significaria viver com uma fé radical na bondade de Deus? O que você faria diferente do que tem feito hoje?

Você pararia de se preocupar?

Você pararia de reclamar?

Se for um homem, ligaria para ela?

Se for mulher, esperaria que ele ligasse? Deixaria que a sabedoria guiasse o romance?

Você pararia de acreditar nas mentiras da luxúria?

Você terminaria um relacionamento que sabe que está errado? Viveria corajosamente?

Você diria sim?

Imagine sua vida vivida à luz daquele dia. Sua história já começou, mas hoje pode ser o momento da virada. Hoje pode ser o dia que você escolheu crer e obedecer a Palavra de Deus com todo o seu coração.

A nossa história é a história dele

Shannon e eu amamos recontar nossa história de amor. Não porque somos personagens impressionantes ou interessantes. Não porque seja a história mais romântica que já ouvimos. Nos a amamos porque é a nossa história sobre a graça de Deus.

É uma história de como Ele salvou ambos do pecado, e então nos trouxe de lados opostos do país. Como Ele ouviu nossas orações e as respondeu. Como enxergou claramente quando o futuro era obscuro para nós. Como sabia com certeza quando só víamos incertezas. Como estava agindo quando estávamos em compasso de espera.

Nós amamos nos maravilhar com a soberania de Deus. Deus me viu na igreja ouvindo Shannon compartilhar a história de como se tornou uma cristã. Eu nunca imaginaria isso, mas Ele sabia que dois anos depois estaríamos nos casando no mesmo auditório.

Deus viu Shannon nos difíceis meses que antecederam nossa corte quando, lutando com seus sentimentos em relação a mim, ela caminhava através da porta da igreja com o coração pesado. Ele viu as lágrimas que ela derramou enquanto dirigia para casa. Ela nunca poderia imaginar, mas Deus sabia que apenas 12 meses depois ela estaria caminhando através das mesmas portas como minha esposa – desta vez, sob uma chuva de pétalas de rosas brancas e para um carro esperando para nos levar para nossa lua-de-mel.

Nós não sabíamos, mas Ele sabia. Sabia o tempo todo.

Em nosso convite de casamento, citamos uma passagem do livro de Mike Mason, *The Mystery of Marriage* (O mistério do casamento):

> O amor real tem sempre um destino. Ele foi arranjado antes do tempo existir. É a coisa mais meticulosamente preparada entre as coincidências. E o destino, é claro, é apenas um termo secular para a vontade de Deus, e coincidência, para a sua graça.

Isso foi o que aprendemos durante nossa corte. Nossa história de amor, como toda história de um amor real, foi arranjada por Deus. Todas as coincidências que a tornaram possível foram intervenções de sua graça. Nossa história foi a história dele.

No céu, eu não ficarei surpreso se histórias de amor forem recontadas. Mas os contos de "garoto encontra garota" não serão testemunhos do poder do amor ou bondade humanos. Ao invés disso, serão testemunhos da misericórdia, amor e bondade de Deus.

Caminhos corretos

Meu alvo com este livro não foi o de desvendar algum método ou programa para relacionamentos. Eu não quero que a leitura dele o torne um apaixonado pela corte. O que eu espero é que você se torne mais apaixonado por Deus – que se torne mais confiante sobre o caráter dele e mais entusiasmado por viver para a sua glória.

Eu não sou um especialista. Se você é solteiro, estou apenas a alguns passos na sua frente nesta caminhada. Mas estou acenando para você com este encorajamento: Deus realmente é o melhor. Seu tempo é perfeito. Esperar nele sempre vale a pena. Honrá-lo e praticar seus princípios enquanto caminha até o casamento irá guiá-lo à maiores alegrias e completude.

Eu não sei quais são os desafios específicos que você está enfrentando ou a dor que sente por causa de erros passados. Existe uma grande chance de sua história se desenrolar muito diferentemente da minha. Mas Provérbios 3.5-6 dá uma promessa que é para todos nós:

> Confie no Senhor de todo o seu coração e não se apóie em seu próprio entendimento; reconheça o Senhor em todos os seus caminhos, e ele endireitará as suas veredas.

Esta promessa foi verdadeira em minha vida. Ela foi verdadeira para Shannon. Apesar de nosso passado não ser perfeito, Deus nos mostrou que Ele é completamente digno de nossa confiança.

Com esta aliança

Depois de termos feito nossos votos e trocado alianças como símbolo de nosso compromisso, só havia mais uma coisa a fazer. Pareceu que havia demorado demais, mas finalmente ouvi nosso pastor dizer as palavras.

"Joshua e Shannon", ele disse, com sua própria alegria evidente na voz, "tendo feito esta aliança diante de Deus e entre vocês dois, eu, neste momento agindo com a autoridade que me foi investida pelo Senhor Jesus Cristo e o estado de *Maryland*, os declaro marido e mulher".

Então ele parou e sorriu.

"Joshua, você esperou muitos meses por este momento. É minha alegria dizer: pode beijar a noiva."

E assim eu fiz. E a espera não pareceu tão longa agora que ela estava em meus braços.

Na verdade, é uma história simples.

Duas pessoas aprendendo a confiar em Deus.

Dois caminhos tortos que Deus endireitou.

Dois caminhos endireitados que Ele escolheu cruzar no momento certo. Nós o assistimos realizar tudo. Apesar de todos os momentos de dificuldade que isso envolveu, nós não trocaríamos esta experiência por nada.

Deus quer fazer o mesmo por você.

Sim, você.

O Criador do romance, o Criador que preparou o primeiro "garoto encontra garota" no Éden, tanto tempo atrás, continua fazendo a mesma coisa hoje.

CONVERSAS DA CORTE: OITO GRANDES ENCONTROS

Com Heather e David Kopp

Perseguir um romance com propósito requer planejamento e criatividade. Todos nós sentimos que algumas vezes falta as duas coisas. Shannon e eu nos lembramos dos primeiros dias do nosso namoro. Estávamos sempre procurando coisas que podíamos fazer juntos, que seriam divertidas e nos ajudariam a conhecer um ao outro melhor.

Eu adoraria dizer que sempre tinha um grande plano, mas várias vezes eu me pegava quebrando a cabeça para encontrar uma pergunta original ou uma atividade interessante para compartilhar.

Eu não conseguia muita ajuda nas livrarias evangélicas. Os livros com "sugestões para encontros", na maioria das vezes, pareciam muito infantis, eram para casais casados ou muito vagos para casais no início da corte.

Esses oito grandes encontros da corte é o que gostaríamos de ter naquela época. Nós achamos que vocês vão considerá-los um presente divino para o relacionamento. Nossos amigos Heather e David Kopp fizeram um trabalho incrível planejando não apenas coisas para vocês fazerem, mas também grandes perguntas que vão ajudá-los a se conhecerem um ao outro, crescerem juntos e se curtirem mais.

Usar as conversas de corte é realmente simples: aproveitem o que for útil e descartem o que não for. A seguir, seguem algumas sugestões a mais.

Conversando. Todas as áreas cobertas nas conversas são importantes, mas o relacionamento de vocês pode processá-las por diferentes caminhos. Prossiga num ritmo que seja ideal para vocês. Se uma conversa que sugerimos já tenha acontecido, ou se o encontro ou pergunta parece muito sério para o nível em que o relacionamento está, pulem para alguma coisa que funcione. Todas as questões são apenas sugestões – vocês provavelmente não irão passar por todas elas, ou precisar passar. Peça a Deus para usar esse guia para acender a conversa onde vocês dois precisam mais.

Guiando. Rapazes, nós sugerimos que vocês trabalhem para dirigir quando esses encontros vão ocorrer. Isso não significa que tenham que aplicar as idéias ou perguntas rigidamente. De preferência, seja um gracioso anfitrião que está se assegurando que os seus tempos e conversas estão progredindo bem e que vocês dois estão se divertindo.

Escutando. Claro, a conversa realmente não está acontecendo a menos que haja a mesma quantidade de fala e de escuta cuidadosa. Então, lembrem de escutar *bem* – não apenas com os ouvidos, mas de corpo e alma. Com o ser inteiro.

Aproveitando. Se vocês convidaram Deus para guiar o caminho na corte, podem relaxar. Por exemplo, não sintam como uma falha se não conseguirem ou puderem responder todas as questões. Deus está trabalhando! Ele está presente, preparado para guiá-los ao futuro em calma, confiança e alegria.

Josh e Shannon

1

Conversas da corte

A MINHA HISTÓRIA

O encontro
Cada pessoa recebe uma noite para compartilhar as suas fotos de bebê, ou outras, e fatos sobre a sua história do nascimento até agora.

A conversa
Discutam as melhores e as piores lembranças. Falem sobre velhos amigos e professores. Usem as perguntas para se conhecerem melhor e descobrirem como era a vida de cada um antes de se encontrarem.

Dicas
Alguns de nós não tiveram infâncias muito felizes. Não pressione por mais informações do que o outro queira compartilhar. Esse deve ser um tempo bastante divertido. Enfatizem o positivo e celebrem a ação de Deus durante o passado.

A. Bem-vindo ao mundo
- Onde você nasceu, e em quais circunstâncias?
- Como você recebeu o seu nome, e por quê?

- Como o resto da família recebeu você?
- Você era bonitinho, engraçadinho, meigo ou rabugento, obediente ou voluntarioso?

B – Para a escola (e outras aventuras)

- Quais são as suas primeiras lembranças?
- Como você se saiu no primeiro dia de aula?
- Quais foram os seus professores e matérias favoritos?
- Quem foram os seus melhores amigos?
- Você era comportado?
- Como você se relacionava com seus pais?
- O que você queria ser quando crescesse?

C – Perguntas profundas para você e eu...

- Quando foi a primeira vez que você depositou a sua fé em Cristo?
- Quais foram os pontos mais alegres e tristes da sua infância?
- Como você se transformou durante a adolescência e no colegial?
- Olhando para trás, como você vê o trabalho de Deus preparando-o para a sua vida de hoje?

2

Conversas da corte

QUEM VAI COZINHAR HOJE?

O encontro
Alternem noites, pelo menos uma vez por semana. A tarefa de quem estiver responsável pelo jantar inclui planejar o menu, fazer compras, arrumar a mesa, cozinhar e limpar.
A refeição pode ser tão simples ou tão esplêndida quanto você quiser. O propósito é se divertir e estimular uma boa conversa, e não competir para conseguir prêmios culinários.

A conversa
Use esse encontro para falar sobre as experiências passadas e as expectativas atuais sobre os papéis dos dois sexos e como eles se interagem nas tarefas domésticas.

Dicas
Você pode querer reservar a conversa para depois da refeição (não distraia o cozinheiro). Tenha como base o capítulo 7 desse livro, "Se os garotos forem homens, as garotas serão mulheres?", para idéias sobre esse tópico.

A. **Na cozinha, quando você estava crescendo**

- Quem cozinhava quando você era pequeno?
- Ele ou ela era criativo e festivo – ou apenas colocava a comida na mesa?
- Quais refeições a sua família fazia junta regularmente?
- Como era a experiência em família na hora da refeição?
- Quem limpava e por quê?

B. **E as outras tarefas?**

- Quem fazia a maioria da limpeza da casa?
- Quem fazia compras?
- Quem cuidava do jardim?
- Quem cuidava do carro?
- Os pais cumpriam bem essas tarefas?
- Qual era a atitude da família em relação a essas tarefas?

C. **Agora que nós temos alguma comida para pensar...**

- O quê na sua casa você gostaria de fazer diferente da sua família?
- Você acredita que Deus deu papéis únicos para o marido e a esposa no casamento? Como você resumiria os ensinamentos da Bíblia?
- Quando você leu o capítulo 7, houve alguma parte em que discordou?
- Quais são as vantagens do plano de Deus de papéis definidos para o marido e mulher?

3

Conversas da corte

VOCÊ JOGA?

O encontro
Jogue um jogo competitivo com alguns prêmios grandes. Se vocês não conseguirem concordar sobre qual o jogo, joguem os dois escolhidos.

A conversa
Discuta sobre a competitividade e as atitudes para obter a vitória. Descubra qual é a história de diversão em família e os jogos que cada pessoa gosta.

Dicas
Jogos que revelam o máximo de como nós jogamos ou competimos são aqueles que abrem o maior espaço para interpretação: "Isso é *realmente* uma palavra?" ou "Hei! Não é para você pontuar!". Se vocês preferirem incluir outras pessoas, funciona também. Enfrente essas perguntas em uma situação relaxada (uma caminhada, sentados perto de uma fogueira), depois que a diversão acabou.

A. Sua história com jogos

- Quais esportes ou jogos você mais gostava enquanto crescia?
- Quanto vencer importava? (Seja honesto!)
- Quais eram os ensinamentos dos seus técnicos, professores e pais sobre vencer e perder?
- Que tipo de esportividade foi criada em você?

B. Como você se sentia?

- Você se descreveria como competitivo? Por que sim ou por que não?
- Você alguma vez já ficou com raiva enquanto jogava com um amigo ou parente? Se a resposta for sim, o que aconteceu? Como a relação de vocês foi afetada, e como as coisas se resolveram?
- Você prefere jogos de chance ou de habilidade?
- Qual a importância dos jogos e da recreação em família?
- Você fica contente de jogar jogos em que você sempre perde?
- Você já criou algum jogo? O que aconteceu?
- Qual a importância dos outros se divertirem para você também se divertir?
- Você prefere jogar sozinho ou em equipe?

C. Agora que nós jogamos juntos...

Separe algum tempo para pensarem juntos sobre o que vocês acham que aprenderam, ou podem aprender, praticando atividades recreativas. Por exemplo:

- O senso de humor.
- Graciosidade – ou a falta dela.
- Uma capacidade para compromisso e cooperação.
- Atitudes reveladas sob conflitos.
- Sentimentos sobre justiça e tolerância para injustiças cometidas.

4

Conversas da corte

SURPRESA NA MANHÃ DE DOMINGO

O encontro
Visitem uma igreja cristã que tenha uma abordagem significativamente diferente da que vocês dois estão acostumados. Depois saiam para almoçar ou lanchar para conversar. (Se possível, tentem fazer isso sem perder as atividades de suas igrejas).

A conversa
Faça a pergunta: o que nós realmente acreditamos – e por quê? Discuta as formas de adoração, as bases centrais da fé de vocês e o propósito de Deus para a igreja. O que a sua família de origem acreditava? Quais as suas expectativas para a sua futura família em termos de participação, comprometimento e freqüência?

Dicas
Ler *Stop Dating the Church* (Pare de namorar a igreja) pode ajudar a despertar idéias e proporcionar um contexto adicional para a discussão.

A. Sua história com a igreja

- Como a sua família participava da igreja enquanto vocês cresciam?
- Como o seu sentimento ou entusiasmo sobre a igreja mudou durante os anos?
- Quanto a igreja moldou as suas idéias sobre Deus? O que teve mais influência?
- Que tipos de experiências vocês tiveram com diferentes formas de adoração ou estilos de igrejas? O que vocês aprenderam?
- Qual foi a sua pior experiência com a igreja, se você teve uma, e por quê?

B. O que é mais importante

- Para você, quais são as qualidades mais importantes em uma igreja?
- Ouve alguma coisa na igreja que vocês visitaram que gostaram bastante? Do que não gostaram?
- Vocês esperam ser muito ativos na igreja durante toda a vida?
- Que expectativas precisam ser atendidas para seus filhos a freqüentarem?

C. Alma e espírito por você e por mim...

- Quão importante é a adoração para você, pessoalmente e em conjunto?

- Quão importante é ter um tempo devocional regular (oração e leitura bíblica)?
- Quão próximo você acredita que a fé de um casal deve ser?
- Quais são as seus maiores questionamentos, e aparentemente sem respostas, sobre Deus ou o cristianismo?
- Qual área da sua vida cristã você sente que quer ou precisa crescer mais?
- Quais aspectos da sua vida cristã e relacionamento com Deus você diria que mudaram durante o ano passado?

5

Conversas da corte

É PRECISO DOIS

O encontro
Encontre um projeto que requeira que os dois trabalhem juntos, dentro de um limite de tempo.

A conversa
Discutam como cada um gostaria de realizar as tarefas mais complexas. A forma como vocês trabalham juntos em uma tarefa sob pressão – uma definição para casamento – pode ser reveladora!

Dicas
Aproximem do projeto sem um líder pré-determinado ou a escolha de quem tomará as decisões. Vejam em quais papéis vocês naturalmente se encaixam, e notem como o processo ocorre. Essa é uma parte da graça. Espere até que o serviço fique pronto para se reunirem e discutirem as perguntas.

A. Qual a sua história de trabalho?

- No passado, qual foi a maior tarefa criativa ou acadêmica que você enfrentou? Como você lidou com ela? Qual foi o resultado?

- Qual foi o trabalho que você participou que exigiu a maior demanda física? Foi uma experiência positiva ou não? Por quê?
- Quais atitudes sobre o trabalho foram moldadas no seu lar?

B. Qual o seu estilo de trabalho?

- Você se frustra facilmente quando as coisas saem erradas, ou normalmente é paciente?
- Você costuma adiar o trabalho, ou gosta de adiantá-lo?
- Você prefere ler as instruções antes de desempenhar qualquer tarefa ou espera até ela ficar travada?
- Você prefere trabalhar sozinho ou na companhia de outras pessoas?
- Você se importa mais em fazer certo ou fazer rápido?

C. Quando nós trabalhamos nesse projeto juntos...

- Quem tomou as decisões? Como isso foi decidido?
- Houve momentos de estresse? Se a resposta for sim, quando e por quê?
- Vocês diriam que complementaram um ao outro ou não? A divisão de tarefas atrasou ou acelerou o processo?
- Houve alguma brincadeira ou gozação entre os dois?
- O que nós aprendemos sobre a aproximação de cada um em relação ao projeto?
- Vocês gostaram da oportunidade de trabalhar juntos?

6

Conversas da corte

CRIANÇAS À SOLTA

O encontro
Sirvam de babá para uma família com várias crianças. Certifiquem-se de que precisarão preparar o jantar e levá-los para a cama.

A conversa
Logo depois desse encontro, fiquem juntos para discutir a experiência. Compartilhem histórias sobre formas de educar e as visões que têm sobre criar filhos.

Dicas
Sigam com as respostas até que vocês tenham coberto todas as implicações-chave. Sintam-se confortáveis com algumas respostas vagas ou "Eu não sei" – isso não é um teste!

A. Sobre a minha mãe e o meu pai...

- Como os seus pais lidavam com a disciplina – e quem foi o principal disciplinador?

- O que foi mais usado para motivar – recompensas ou ameaças de punição?
- Os limites e as regras eram claros?
- Com qual freqüência os seus pais gritavam ou aumentavam o tom da voz para disciplinar as crianças?
- Quão consistentes eram as ações tomadas com você e os seus irmãos?
- Seus pais eram unidos nas decisões tomadas?
- Seu pai era o claro líder espiritual da casa?

B. O que eu acredito

- O que a Bíblia diz sobre os diferentes papéis de uma mãe e um pai?
- O quanto você julga importante que sua esposa ou esposo tenha os mesmos valores e visões de seus pais?
- Como você se sente sobre a disciplina? Em sua opinião, quem deve administrá-la?
- Qual o *maior* erro que você teme cometer como pai?
- Como você descreveria o papel mais importante dos pais? Qual a meta mais importante do pai? E da mãe?

C. Sobre a outra noite (quando nós servimos de babás)...

- Qual foi a parte mais desafiadora da noite?
- Alguma coisa surpreendeu você?
- Qual de nós se sentiu mais confortável, e por quê?
- Como as crianças responderam a cada um de nós? Houve alguns "testes"?
- Nós trabalhamos com unidade ou dividimos os papéis e deveres?
- Você acha que nós concordamos em como lidar com situações estressantes?
- Você acha que nós iríamos gostar de criar filhos juntos?

7

Conversas da corte

MOSTRE-ME O DINHEIRO

O encontro
Decidam juntos onde vocês podem degustar o melhor jantar para dois por menos de 25 reais.

A conversa
Discuta as prioridades financeiras dos seus pais, como vocês lidam com orçamento e dinheiro, e o que esperam para o futuro.

Dicas
Tentem ser honestos o máximo possível sobre esse assunto delicado.

A. Do jeito que era

- Como os seus pais lidam com o orçamento?
  – Com cuidado e planejamento.
  – Com rapidez e oração.
  – Eu não faço idéia.

- O que você diria que os seus pais apreciam mais?
  – Segurança (poupança)?
  – Gratificação (gastar)?

- Quais lições eles ensinaram a você sobre o dinheiro? Elas eram exemplo ou apenas se tratava de discurso? Era intencional ou não?
- Seus pais ligaram as finanças com as suas vidas espirituais, através dos dízimos e ofertas? Se a resposta for sim, como e quais foram alguns resultados?
- Um momento difícil financeiramente foi sentido ou celebrado de forma criativa?
- Os seus pais discutem sobre finanças?
- Você se inteirava da situação financeira da sua família?

B. Do jeito que é

- Como você se sente em relação ao dinheiro, de uma forma geral? É uma dádiva ou um fardo?
- Você é cuidadoso com as finanças ou torce para que tenha dinheiro na conta?
- Nomeie três importantes verdades bíblicas sobre o dinheiro.
- Como você se sente sobre cartões de crédito e débito?
- Você acredita que recebe o que você paga ou que ser "mão-de-vaca" vale a pena? Você se importa com as etiquetas e marcas?

C. O fim da estrada para nós

- Que padrão de vida você gostaria de ter a longo prazo?

- Você acha que um marido deve ter a palavra final sobre as maiores decisões financeiras, ou todas as decisões devem ser mútuas?
- Você vê a esposa trabalhando e trazendo uma renda mesmo depois de ela ter filhos? Se a resposta for sim, ela deve trabalhar meio período ou tempo integral?
- Descreva como você deseja lidar com dinheiro e orçamento junto com um parceiro algum dia.

8

Conversas da corte

AINDA FORTE

O encontro
Programem um almoço ou jantar com um casal casado há muito tempo.

A conversa
Qual é o segredo do sucesso da união deles? O que eles lamentam? Depois, discutam o que vocês aprenderam com esse casal, e também com outros que conhecem bem. Essa é uma boa hora para conversar sobre papéis bíblicos e as suas prioridades descritas em, por exemplo, Efésios 5.21-33.

Dicas
Conversem antes da refeição sobre as perguntas que vocês gostariam de fazer e se sentem confortáveis com a exploração. Divirtam-se imaginando as respostas. Ele ronca? Ela solta sons agudos? Eles já discutiram por horas?

A. O que faz um casamento durar?

- Em sua opinião, por que metade dos casamentos (incluindo os cristãos) termina em divórcio?

- Qual parece ser o ingrediente mais importante em um casamento longo (além de questões de fé e experiências)?
- O que é mais importante: romance ou respeito? (Essa é uma questão difícil!)

B. No que você acredita?

- Como você define a submissão da esposa e o respeito, como é apontado em Efésios?
- Como você define a liderança do marido? Para você, o que significa ser "cabeça espiritual"?
- Quão importante é o romance, ou "estar apaixonado"?
- Sobre quais circunstâncias o divórcio é uma opção bíblica?
- O que você diria para um casal à beira do divórcio?

C. Sobre o casal que nós jantamos juntos...

- Alguma coisa nos surpreendeu?
- Como o casamento sobreviveu à dificuldades que teriam separado outros casais? Quais foram elas?
- Como eles interagiram um com o outro na refeição?
- Quanto a vida espiritual parece afetar o fato de eles estarem juntos?
- O casal segue os padrões bíblicos tradicionais?
- Nós achamos que eles ainda estão "apaixonados"?
- Qual foi o melhor conselho ou o comentário mais esclarecedor que eles fizeram?
- O que vocês mais gostariam que um casal em corte dissesse quando *vocês* fossem "o casal casado há muito tempo" que é convidado para jantar?

NOTAS

Capítulo 3

Eugene Peterson, "Introduction to Proverbs". in *The Message* (Colorado Springs, Colo.: Navpress, 1993), 862.

Capítulo 4

John Calvin, *Calvin Institutes of the Christian Religion I*, ed. John T. McNeill (Philadelphia, Penn.: Westminster Press, 1960).

C. S. Lewis em Dr. Bruce Waltke, *Finding the Will of God* (Gresham, Ore.: Vision House Publishing, 1995), 31.

Kin Hubbard, "Lack o' Pep," em Abe Martin, *Hoss Sense and Nonsense* (1926), 19.

L. M. Montgomery, *Anne of Avonlea* (New York: Harper and Row, 1985), 277.

Capítulo 6

Matthew Henry, *Commentary on Genesis,* citado na primavera de 1999, tema do *Council on Biblical Manhood and Womanhood Newsletter,* P.O. Box 7337, Libertyville, IL 60048.

Elisabeth Elliot, *The Mark of a Man* (Grand Rapids, Mich.: Fleming H. Revell, 1981), 13.

John Stott, in Alexander Strauch, *Men and Women, Equal Yet Different* (Littleton, Colo.: Lewis and Roth Publishers, 1999), 76.

Elliot, *The Mark of a Man*, 158.

Capítulo 7

Gary and Betsy Ricucci, *Love That Lasts* (Gaithersburg, Md.: PDI Communications, 1992), 28. Usado com permissão. *241*

Capítulo 8

"All in a Day's Work," *Reader's Digest,* Outubro de 1999.

Capítulo 9

Douglas Jones, "Worshiping with Body," *Credenda Agenda,* vol. 10, no. 2.

John MacArthur, *Commentary on Hebrews,* citado em Deborah Belonick, "Safe Sex Isn't Always Safe for the Soul", www.beliefnet.com.

John White, *Eros Defiled* (Downers Grove, Ill.: InterVarsity Press, 1977), 53.

Bethany Torode, "(Don't) Kiss Me," publicado originalmente por *Boundless Webzine,* www.boundless.org. Usado com permissão.

Capítulo 10

Joni Eareckson Tada e Steven Estes, *When God Weeps* (Grand Rapids, Mich.: Zondervan Publishing House, 1997), 52–54. Usado com permissão.

NOTAS

Rebecca Pippert, *Hope Has Its Reasons* (New York: Guideposts, 1989), 102–4. Usada com permissão.

John Stott, *The Cross* (Downers Grove, Ill.: Intervarsity Press, 1986), 60–61.

Ibid., 12.

Jay Adams, *From Forgiven to Forgiving* (Amityville, N.Y.: Calvary Press, 1994), 12.

David Boehi, Brent Nelson, Jeff Schulte, e Lloyd Shadrach, *Preparing for Marriage,* ed. Dennis Rainey (Ventura, Calif.: Gospel Light, 1997), 226–29.

Capítulo 11

David Powlison and John Yenchko, "Should We Get Married?" *Journal of Biblical Counseling* 14 (Spring 1996): 42. For subscription information, call (215) 884-7676 or visit www.ccef.org. David Powlison and John Yenchko's article is available as a booklet and is entitled *Pre-Engagement: 5 Questions to Ask Yourselves.* To order, contact Resources for Changing Lives, 1803 E. Willow Grove Ave., Glenside, PA

19038 or call (800) 318-2186.

Eva McAllaster in *Recovering Biblical Manhood and Womanhood,* ed. John Piper and Wayne Grudem (Wheaton, III: Crossway Books, 1991), xxii.

Capítulo 12

Mike Mason, *The Mystery of Marriage: As Iron Sharpens Iron* (Sisters, Ore.: Multnomah Books, 1985), 74.